Sabine Immesberger

Reiki für Kinder
... und der Himmel geht über dir auf

ARCHE NOAH
Musik ✶ Buchverlag

Sabine Immesberger

Reiki für Kinder
… und der Himmel geht über dir auf

ARCHE NOAH
Musik ✶ Buchverlag

Sabine Immesberger
Reiki für Kinder
... und der Himmel geht über dir auf
ISBN: 3-931721-51-5
1.Auflage Oktober 2005

Musik- und Buchverlag
Arche Noah
Ammergauer Str. 80
86971 Peiting

Tel.: 0700-27243 6624 (Arche Noah)
Fax: 0700-27243-6634

www.verlag-arche-noah.de
E-Mail: info@verlag-arche-noah.de

Vorwort

In den Jahren, bevor ich Reikimeister - Lehrer wurde, schrieb ich alles auf, was ich über Reiki wußte und welche Erfahrungen ich selbst damit gemacht habe. Ich gestaltete dieses Werk mit vielen Bildern und habe es zu einem dicken Buch binden lassen.
Dieses Buch durften nur zwei Menschen lesen. Mein Mann Jürgen und meine Reikilehrerin Birgit Lehmann. Beide waren sich sicher, dass ich es veröffentlichen sollte. Aber ich sah darin keinen Sinn, denn wenn man sich in den Regalen einer Buchhandlung umschaut, findet man schon etwa hundert Bücher über Reiki. Birgit sagte trotzdem immer wieder, ich solle ein Buch schreiben.
Langsam begann ich darüber nach zudenken, worüber ich schreiben könnte, worüber es eben noch keine hundert Bücher gibt.
In Deutschland leben ungefähr 9 Millionen Kinder zwischen 6 und 15 Jahren. Und wieviele Bücher über Reiki gibt es für Kinder? Ich habe gerade mal nur eines entdeckt.

Ein Buch für so viele Kinder erschien mir nicht genug. Da habe ich mich entschieden, ein so wichtiges Thema, wie Reiki es ist, in einem Buch zu erklären, dass es nicht nur die großen Menschen verstehen können, sondern auch ihr, die Kinder.

„... und der Himmel geht über dir auf" erklärt euch, was Reiki eigentlich ist, wo es herkommt, was es bewirken kann und wer es wieder entdeckt hat.

Wenn wir regelmäßig Reiki bekommen, kann es in uns ganz viel Gutes bewirken. Viele sprechen davon, dass Reiki heilen kann. Auch in diesem Buch werden die Wörter „Heilung" und „Behandlung" öfter verwendet. Jeder, der Reiki anwendet, muß aber wissen, dass bei Krankheiten ein Fachmann helfen muß. Das ist ein Arzt oder Heilpraktiker.

Reiki unterstützt unseren Körper, mit Krankheiten besser fertig zu werden. Das heißt aber nicht, dass wir dann keinen Arzt mehr brauchen!

Das Buch ist in unterschiedliche Themen unterteilt. Es ist kein Problem, immer nur ein Thema zu lesen und erst dann mit dem nächsten zu beginnen, wenn man wieder Lust dazu hat. Es ist aber ganz wichtig, das Buch von vorne, der Reihe nach zu lesen, weil viele Themen nur dann zu verstehen sind, wenn die Themen davor schon gelesen und verstanden worden sind.

Ich möchte all den Menschen danken, die mich ein Stück auf meinem Weg mit Reiki begleitet haben. Meinen Reikilehrerinnen, den vielen Leuten, die von mir Reiki bekommen haben und denen, die von mir lernen konnten, wie Reiki funktioniert. Sie alle haben mir gezeigt, dass Reiki eine ganz tolle Sache ist, bei der es sich lohnt, dass man sie zu einem Teil seines Lebens macht.

Ich danke ganz besonders meinen Kindern Anne und Jonas und meinem Mann für ihre Hilfe. Sie haben mich oft auf gute Ideen gebracht, Dinge so auszudrücken, dass es Kinder verstehen können.

Ich danke Rainer Lehmann, dass er sich so viel Zeit genommen hat, die vielen Fotos mit Anne und Jonas zu machen, die euch durch dieses Buch begleiten und euch manches besser verstehen lassen.
Ich wünsche euch Kindern und allen Erwachsenen, die dieses Buch lesen, viel Freude und eine Antwort auf die ein oder andere Frage.

Sabine Immesberger

Inhaltsverzeichnis

Dr. Usui sucht die heilende Energie

 Als unsere Urgroßeltern noch Kinder waren, so ungefähr in der Zeit um 1900, lebte in Japan ein Mönch mit dem Namen Dr. Mikao Usui.

Dr. Usui arbeitete als Lehrer an einer Klosterschule. In einer solchen Schule lernen junge Männer, wie man ein guter Mensch wird und anderen Menschen in schweren Zeiten helfen kann.

Eines Tages, während einer Unterrichtsstunde, stellten ihm seine Schüler eine noch nie gestellte Frage. Und genau damit hat alles begonnen.

Die Schüler wollten wissen, was das für eine Kraft ist, mit der Menschen seit vielen tausend Jahren heilen. Eine Kraft, bei der man bloß die Hände auflegen muß. Wo kommt diese Kraft her und wie kann man lernen, damit zu heilen? Es gab doch schon so Viele, die so was konnten.

Da stand er nun und hatte keine Antwort auf die Fragen seiner Schüler,
denn darüber hatte er sich vorher nie Gedanken gemacht. Jetzt war dieser Gedanke aber da und ließ ihm einfach keine Ruhe mehr. Weil er eine Antwort wollte, machte er sich auf einen langen Weg und begann mit der Suche, die Lösung zu finden.

Usui beendete seine Arbeit als Lehrer und forschte viele Jahre in alten Schriften, unterhielt sich mit den Gelehrten verschiedener Religionen und reiste durch die halbe Welt.
So wurde Usui vom Lehrer wieder selbst zum Schüler.

Auf seiner Suche fand er heraus, dass das Heilen durch Handauflegen etwas ist, das in vielen Religionen eine große Rolle spielt.

Er beschloß, für eine Weile in ein Kloster zu ziehen. Klöster haben immer große Bibliotheken, in denen viele alte Bücher und heilige Schriften zu finden sind. So hatte auch dieses Kloster eine solche Bibliothek und Usui verbrachte hier viel Zeit mit Lesen.

Während seines langen Klosteraufenthaltes freundete er sich mit dem Abt an. (Ein Abt ist der Chef eines Klosters.)
Dieser wußte, nach was Usui suchte und half ihm dabei.
Als nach vielen Monaten fest stand, dass die Antwort auch nicht in diesem Kloster zu finden ist, hatten Usui und der Abt eine Idee:
Vielleicht findet man die Antwort auf seine Fragen nicht in Klöstern, Bibliotheken oder an anderen Orten auf der Welt, sondern vielleicht muß man ganz still und ruhig werden und die Antwort ist dann plötzlich in einem

drin. So, wie man manchmal das Gefühl hat, dass der liebe Gott dir auf dein Gebet eine Antwort gibt. Oder so, wie du von Dingen träumst, die man nicht anfassen kann und die außer dir keiner sieht oder spürt.

Usui beschloss also einen letzten Versuch, um eine Klärung dieser wichtigen Fragen zu erhalten.

Er ging auf einen heiligen Berg, um dort für 21 Tage zu fasten und zu meditieren.

(Eine Meditation ist eine Übung, bei der man ganz still wird, bei der man seine vielen Gedanken mal schlafen schickt und einfach nur dasitzt und die herrliche Ruhe um sich herum genießt. Und wenn man dabei auch noch auf das Essen verzichtet, nennt sich das Fasten. Fasten machen Leute, um ihren Körper von giftigen Stoffen zu reinigen und dann besser meditieren können.)

Und genau das tat Dr. Usui. Er setzte sich unter einen dicken, alten Baum, faltete die Hände und schloß seine Augen. Er wartete, was wohl passieren würde. Da man sich während einer Meditation nicht viel bewegt, war er nicht besonders müde und konnte sogar nachts meditieren.

Viele Tage und Nächte vergingen und nichts war geschehen. Der arme Usui war schon ganz enttäuscht, dass auch diese Methode keine Antwort brachte.
Und da ist es plötzlich passiert:

Am letzten Tag geschah das, worauf er so-
lange gewartet hatte:
Mitten in der Nacht erschienen am Himmel
Zeichen und Symbole. So hell, wie kein
Stern leuchtet. Usui hatte sie in alten Schriften zwar schon mal gesehen, konnte aber
nichts mit ihnen anfangen. Die Zeichen sa-
hen aus, als hätte sie jemand an den Himmel geschrieben. Mit einem Stift? Nein, diese Zeichen funkelten wie Feuerwerk, wie ein
Lichtstrahl, heller wie der leuchtende Draht
in einer Glühbirne. Angetrieben von einer
mächtigen Kraft. Geladen mit einer Stärke,
wie sie kein Blitz hat.
Usui stand auf und die Symbole kamen auf
ihn zu. Sie legten sich, wie ein schützender
Mantel, um ihn herum. Er spürte, wie die
Kraft der Symbole in seinen Körper floß und
sich langsam überall verteilte. So, wie das
Wasser, das in einer Bergquelle entspringt,
von kleinen Flüßchen mit getragen wird und
am Ende in einem riesigen Meer endet. Und
in diesem Meer schenkt das Wasser Kraft

und Leben für die Fische und Wasser für die Lebewesen auf der Erde.

Die Kraft, die in Usui floß stärkte alle seine Knochen und Organe. Diese Kraft nennt man auch Lebensenergie.

Usui konnte sich nicht erklären, wo diese Energie herkam. Aber eins war sicher, es war eine Kraft, die nicht von dieser Erde stammt. Diese Energie, kommt aus dem Universum, um uns zu schützen, zu stärken und zu heilen. Sie ist überall und immer um uns herum. (Das Universum wird von den Menschen ganz unterschiedlich erklärt. Manche sagen, dass das Universum alles ist, was es auf der ganzen Welt gibt – die Erde, die Sonne, der Mond, die Planeten und der Himmel. Andere nennen das Universum den Weltraum oder Kosmos. Wieder andere sagen, dass man das Universum gar nicht beschreiben kann, weil es so unendlich weit und groß ist. Und dann gibt es Leute, für die ist das Universum der Himmel. Ein Haus das ganz viele Zimmer hat. Und in jedem Zimmer wohnt ein anderer. Die Sterne, der Mond, die Sonne, die Engel und in alles wohnt der liebe Gott. Und dazwischen, wo kein Zimmer ist, da ist der Geist Gottes die Lebensenergie).

Usui spürte, dass sich etwas in seinem Körper verändert hat. Dass er in Zukunft diese Energie immer wieder empfangen kann. Er wußte, dass er die Zeichen verstanden hatte und von nun an damit heilen konnte. Er nannte diese heilende Energie „REIKI". (Reiki ist ein Japanisches Wort und wird >Reki< ausgesprochen. Wenn man Reiki ins Deutsche übersetzt, bedeutet es: Die göttliche, heilende Energie ist überall und schenkt uns Kraft zum Leben.)

 Gottes Energie ist überall

 Die Energie brauchen wir zum Leben, sie spendet Lebenskraft

Dr. Usui meditierte noch bis zum nächsten Morgen und dankte anschließend im Gebet

dafür, dass er endlich eine Antwort gefunden hatte. Als die Sonne aufging stieg er den heiligen Berg wieder hinab. Er erzählte seinem Freund, dem Abt, was ihm passiert ist. Dann packte er seine Sachen und machte sich auf den Weg, um in Zukunft die Menschen zu heilen und ihnen in schweren Situationen zu helfen.

Was ist das eigentlich – Reiki?

Usui lernte auf seinem Weg viele Menschen kennen. Er heilte sie und half ihnen, ein besseres Leben zu führen.

Die meisten dieser Menschen nahmen seine Hilfe gerne an, sorgten aber selbst nicht dafür, dass es ihnen auch ohne Dr. Usui gut geht. Sie lebten weiter ungesund und ihre Leiden kamen immer wieder.

Das enttäuschte ihn sehr, denn er konnte ja nicht sein ganzes Leben lang, den gleichen Menschen helfen. Er beschloß, dass die Menschen lernen müssen, selbst mit Reiki zu heilen.

Er eröffnete ein Reiki – Krankenhaus, in dem er kranken Menschen zeigte, wie Reiki funktioniert.

Zuerst erklärte er ihnen, was Reiki denn eigentlich ist. Denn die Meisten dachten nämlich, dass Usui mit seiner eigenen Kraft heilen würde. Das geht aber leider nicht. Denn wer einem anderen Menschen seine eigene

Kraft oder Energie gibt, hat selbst irgendwann zu wenig und wird dann auch krank.

Reiki aber ist eine stärkende und heilende Energie, die aus dem Universum kommt. Manche nennen es vielleicht den Himmel. Tatsächlich könnte man es damit vergleichen, denn unser Schöpfer, der liebe Gott, hat uns bei unserer Geburt diese Energie gegeben, damit wir überhaupt leben können. In der christlichen Bibel ist der Satz nachzulesen:

„Als Gott der Herr den Menschen schuf, hauchte er uns seinen machtvollen Geist ein." 1. Buch Mose.

Was ist mit diesem Lebensatem gemeint? Es ist eine Kraft, eine Energie, die es überhaupt erst möglich macht, dass unser Herz zu schlagen beginnt, dass wir uns bewegen können, dass wir denken können und dass wir etwas fühlen können. Und das unterscheidet uns von einem Gegenstand. Ein Gegenstand kann alles das nicht und warum wohl? Weil in ihm keine Lebensenergie fließt.

Reiki hilft uns, wenn wir krank sind, schneller gesund zu werden, wenn wir uns verletzten, dass es nicht so weh tut, wenn wir traurig sind wieder lachen zu können.

Das funktioniert aber nur dann, wenn wir immer genug von dieser Energie in uns haben. Das ist wie mit dem Essen. Wenn wir Hunger haben, dann braucht unser Körper Nachschub. Und dann geht es uns wieder gut. So ist es auch mit Reiki. Wenn unser Körper zuviel Energie verbraucht hat, fühlen wir uns schwach und benötigen wieder ein bißchen davon.

Die fünf Lebensregeln

Ein Mensch besteht nicht nur aus einem Körper.
Ein ganz besonderes Merkmal für den Menschen ist seine Seele. Nur weil wir eine Seele besitzen, können wir etwas fühlen. Wenn uns etwas glücklich macht, sind wir gut gelaunt. Dann hat man manchmal das Gefühl, dass in unserer Seele ein kleines Männlein hin und her tanzt, singt und sich mit uns freut. Und ganz anders ist es, wenn uns etwas traurig macht. Dann glaubt man, das Männlein hat sich in sein Bettchen gelegt, unter der Decke versteckt und weint mit uns mit.
Den Körper kann man sehen und auch anfassen. Den Geist und die Seele nicht. Und trotzdem weiß jeder, dass es sie gibt.
Der Körper, der Geist und die Seele sind ganz enge Freunde. Sie kennen sich schon ziemlich lange. Ums genau zu sagen, seit ihrer Geburt. Denn kein Mensch wird geboren und eines der drei Teile fehlt ihm.

Manchmal haben die Drei auch schon mal Streit miteinander. Dann passen sie gegenseitig nicht genug aufeinander auf und es geht allen Dreien ziemlich schlecht.

Wenn zum Beispiel der Geist nicht auf die Seele aufpaßt, ist der Mensch ganz traurig. Und dann leidet der Körper mit der Seele mit und sein Bauch tut plötzlich weh.

Auch Dr. Usui hatte erkannt, dass der Körper eines Menschen nur dann gesund sein kann, wenn vorher seine Seele und sein Geist, gesund sind. Er hatte lange überlegt, wie man das wohl erreichen könnte und stellte fünf Regeln auf, nach denen die Menschen leben sollen:

- **Gerade heute ärgere dich nicht** (Nur wenn man sich nicht ärgert, kann man Dinge besser lösen. Wenn sich die Seele ärgert, ist der Geist ganz verwirrt und der Körper kriegt vielleicht Bauchweh)

- **Gerade heute mache dir keine Sorgen** (der liebe Gott, deine Eltern oder die Lehrer meinen es gut mit dir. Und du weißt ja, was passieren kann, wenn der Geist sich Sorgen macht)

  - **Gerade heute sei dankbar** (denn es ist nicht alles selbstverständlich. Es gibt Menschen, denen es viel schlechter geht als dir. Dankbar sein macht glücklicher, als immer nur zu meckern und unzufrieden zu sein. Wer unzufrieden ist, ärgert seine Seele und ihre beiden Freunde.)

  - **Gerade heute arbeite gewissenhaft** (du hast deinen Verstand und deine körperliche Kraft bekommen, um aus deinem Leben etwas zu machen. Wenn du Erfolge hast, freust du dich. Das tut deiner Seele gut. Wenn es deiner Seele gut geht, hat sie Kraft genug, auf ihre beiden Freunde aufzupassen)

- **Gerade heute sei freundlich zu allen** (denn jeder Mensch und jedes andere Lebewesen auf dieser Welt sind von Gott gemacht. Sie haben ihren Sinn. Wir Menschen sind vielleicht die intelligentesten Lebewesen, aber wertvoll und sinnvoll sind alle anderen auch. Also akzeptiere sie und freue dich über sie. Wenn du mal an einem schönen Sonnentag einen Spaziergang im Wald machst, beobachte mal ganz bewußt deine Umgebung. Die Pflanzen, die Steine, die kleinen und größeren Tiere. Breche nicht einfach einen Zweig von einem Baum. Er spendet uns den Sauerstoff, den wir zum Atmen brauchen. Und tritt nicht gleichgültig auf eine Ameise. Sie räumt den Wald auf und beseitigt tote Tiere. Die Steine in der Erde halten das Regenwasser fest, das die Pflanzen zum trinken brauchen.

Jedes Wesen hat seinen Grund, dass es mit uns auf dieser Erde lebt. Auch wenn wir uns manchmal vor ihnen ekeln. Ein Wurm kriecht durch die Erde und macht dadurch den Boden schön locker. Eine Spinne frißt die Mücken weg, die uns sonst im Sommer völlig verstechen würden. Und eine Spinne ist die Nahrung für die Vögel, die uns schon früh morgens mit ihrem herrlichen Gesang wecken)

Jede der fünf Regeln beginnt mit: „Gerade heute ...". Das „Heute" könnte auch ersetzt werden durch „Jetzt". Das würde bedeuten, dass Usui jeden Augenblick in deinem ganzen Leben meinte. Denn wenn man „gerade jetzt" etwas tut, und diese Regel immer anwendet, dann tut man es eigentlich immer, sein ganzes Leben lang. Und deshalb hat Usui diese Regeln auch die Lebensregeln genannt.

Reiki und Geld

Als Usui längere Zeit den Menschen geholfen hatte, stellte er fest, dass sie für seine
Arbeit gar nicht richtig dankbar waren.

Oft ist es leider so, dass wenn man für etwas nicht bezahlen muß, es gar nicht so
wichtig ist. Man bekommt es ja, ohne selbst
etwas dafür tun zu müssen. Muß man aber
etwas dafür tun, ist es plötzlich wichtig und
wertvoll.

Da beschloß Usui, dass die Menschen nun
für seine Arbeit etwas bezahlen sollten. Er
wollte mit diesem Geld nicht reich werden.
Es sollte nur reichen, damit er sich selbst
Essen und Kleidung kaufen konnte.

Nun gab es aber auch Leute, die nicht genug Geld hatten, um regelmäßig für Reiki zu
bezahlen. Das fand Usui gar nicht schlimm.
Er schlug diesen Menschen vor, etwas für
ihn zu erledigen. Zum Beispiel hatte er ja
vom vielen Heilen keine Zeit, seinen Garten
zu pflegen. Also gab er einem armen Mann
Reiki und dieser pflegte dafür den Garten

von Dr. Usui. Der arme Mann fand es toll, denn so konnte auch er Reiki bekommen, da er sonst gar nicht das Geld dafür gehabt hätte.

Was ist eine Einweihung

Usui brachte immer mehr Menschen Reiki bei. Für ihn war ganz wichtig, dass diese Menschen Reiki richtig einsetzten. Deshalb wählte er immer nur bestimmte Menschen aus. Diese ausgewählten Menschen mußten ihn dann eine Zeit lang begleiten, um von ihm alles zu lernen.

Während dieser Zeit beobachtete Usui seine Schüler und nur diejenigen, die alle Regeln beachteten, wurden von ihm zum Meister ausgebildet.

(Ein Reikimeister ist ein Mensch, der über lange Zeit gelernt hat, Reiki einzusetzen, und einzutauchen um von der Lebenskraft zu tanken, das ist die Energie die überall zwischen den Sternen und um uns herum und auch in dir und mir ist).

Jeder Mensch kann Reiki empfangen. In unserem Körper gibt es Transportwege, die die Kraft überall verteilen. Diese Transportwege nennt man „Kanäle". Vielleicht deshalb, weil sie wie Wasserkanäle die Energie weiter transportieren.

Weil wir aber oft zu ungesund leben und uns zu wenig Ruhe gönnen, sind diese Kanäle oft verstopft.

Ein Reikimeister kann mit seiner Kraft diese Kanäle wieder frei machen.

Das ist so ähnlich, wie wenn man mit ganz viel Luft, ein verstopftes Rohr frei pustet. Aber keine Angst. Das tut nicht weh!

Dann kann die Energie ungehindert in den Körper fließen und sich kraftvoll verteilen.

Das Reinigen oder Öffnen der verstopften Kanäle nennt man „Einweihung".

Wenn ein Mensch einmal eingeweiht ist, bleiben seine Kanäle für den Rest seines Lebens offen und er kann immer dann, wenn er es will, Reiki empfangen und geben.

Und weil es etwas ganz besonderes ist, mit Reiki zu arbeiten, müssen die Schüler, die Reiki erlernen möchten, ganz viel Verantwortung übernehmen, damit Reiki auch was Besonderes bleibt.

Dr. Usui gibt sein Erbe weiter

Usuis bester Schüler war Dr. Chijuro Hayashi. Er war über viele Jahre Arzt bei der Marine. Weil er schon über 60 war, mußte er nicht mehr arbeiten und hatte viel Zeit, in Usuis Krankenhaus Menschen zu helfen und von Usui zu lernen.

Usui hat ihm alles erzählt, was er wußte und ihm beigebracht, wie Hayashi Reiki an die Menschen weiter geben kann.

Nach Usuis Tod übernahm Dr. Hayashi die Lehreraufgaben und führte das weiter, was Usui erkannt und aufgebaut hatte.

1935 kam eine Frau aus Hawaii in die Klinik. Sie hieß Hawayo Takata und hatte Krebs. (Krebs ist eine schlimme Krankheit, die bei vielen Menschen zum Tod führt.) Sie wurde in den ersten Grad der Reiki – Heilkunst eingeweiht und konnte sich selbst mit Reiki behandeln. Nach einigen Monaten verbesserte sich ihre Krankheit so sehr, dass sie die Klinik verlassen konnte.

Dr. Hayashi weihte sie vorher in den zweiten Grad ein.

(Mit dem zweiten Grad lernt der Schüler drei Zeichen kennen, die die Wirksamkeit der Reikikraft verstärkt.)

Sie konnte sich zu Hause selbst mit Reiki versorgen und gründete eine eigene Reikipraxis. Sie half vielen Menschen gesund zu werden.

Dr. Hayashi besuchte sie manchmal und sah, wie Frau Takata so vielen Menschen mit Reiki helfen konnte.

Zur damaligen Zeit war es in Asien nicht üblich, dass Frauen höhere Aufgaben mit viel Verantwortung übernahmen. Außerdem war die Reikikunst eine Arbeit, die meistens von Mönchen geleistet wurde. Und bei den Mönchen gab es eben keine Frauen.

Und trotzdem war Dr. Hayashi irgendwann ganz fest davon überzeugt, dass Frau Takata, als erste Frau, zum Reikimeister geweiht werden sollte.

Und nicht genug, dass sie zum Meister geweiht wurde. Dr. Hayashi machte sie kurz vor seinem Tod zu seiner Nachfolgerin.

Sie brachte das Wissen um Reiki nach Amerika und von dort verbreitete es sich in der ganzen Welt.

Fast vierzig Jahre lang blieb sie die einzige Reiki-Meisterin außerhalb von Asien. Erst kurz vor ihrem Tod bildete sie andere Menschen zu Reiki-Meistern aus. Frau Takatas Nachfolgerin wurde ihre Enkelin Phyllis Lei Furumoto.

Frau Furumoto gab Reiki an ihre Schüler genau so weiter, wie sie es von ihrer Großmutter, Frau Takata gelernt hatte. Also genau so, wie Dr. Hayashi es getan hat und vor ihm Dr. Usui. Die Menschen, die von ihr eingeweiht wurden, gründeten eine Gesellschaft mit dem Namen Reiki Alliance. (Alliance bedeutet, dass sich Menschen mit gleichen Interessen zusammenschließen, um etwas gemeinsam zu tun.)

Wie wirkt Reiki

Wer schon einmal Reiki empfangen hat weiß, dass es während einer solchen Sitzung im Körper prickeln kann. Vielleicht hat man das Gefühl, dass etwas durch den Körper fließt oder es wird an manchen Stellen einfach nur warm. Viele entspannen dabei so sehr, dass sie sogar einschlafen.

Im Kapitel 2 konnten wir schon erfahren, was Reiki eigentlich ist. Reiki kommt aus dem Universum, ist eine Kraft oder Energie und hilft uns dabei, gesund zu werden oder es zu bleiben.

Das ist aber nicht immer so einfach. Denn Reiki ist kein Zaubermittel, das wir eben mal schnell benutzen, um sofort gesund zu sein. Dann gäbe es auf der ganzen Welt keine kranken Menschen mehr.

Reiki stärkt unseren Körper. Und je stärker wir sind, desto mehr Kraft haben wir, uns gegen Krankheiten zu schützen oder diese Krankheit zu heilen.

Oft sind Krankheiten aber so stark geworden, dass wir es nicht mehr schaffen, uns alleine durch Reiki zu heilen. Dann müssen wir einen Arzt oder Heilpraktiker besuchen, der genau feststellen kann, welche Krankheit das ist und welche Medikamente wir benötigen.

Wenn wir uns einen Knochen gebrochen haben, muß der Arzt einen Gips anlegen. Wenn wir dann aber die Bruchstelle mit Reiki versorgen, kann der Bruch schneller zusammenwachsen und tut nicht so weh.

Reiki geht durch alles hindurch. Durch unsere Kleidung, durch die Bettdecke, durch Wände, also auch durch den Gips.

Wenn wir regelmäßig Reiki empfangen, werden wir nach einer Weile spüren, dass es uns besser geht.

Im Kapitel 3 wird erklärt, dass ein Mensch nur dann gesund sein kann, wenn nicht nur sein Körper, sondern auch seine beiden Freunde der Geist und die Seele in Ordnung sind.

Während einer Reikisitzung (das ist der Moment, in dem ein Eingeweihter seine Hände über uns hält und Reiki in uns fließen läßt), spüren Viele, dass sie ganz toll dabei entspannen. Und das macht uns ruhiger. Manche können sogar dabei meditieren. (Falls du es vergessen hast, Meditation ist eine Übung, bei der man ganz still wird, bei der man seine vielen Gedanken mal schlafen schickt, seine Augen schließt und die herrliche Ruhe um sich herum genießt.) Wenn man schön ruhig ist, dann ist man nicht so zappelig oder aufgeregt. Dann fällt es uns viel leichter, uns auf wichtige Dinge zu konzentrieren.

Wenn wir uns besser konzentrieren können, gelingen uns viele Dinge besser und man ist schneller fertig. Das bedeutet, dass wir mehr Zeit für unsere Hobbys haben. Und dann geht es uns besser.

Reiki kann uns die Angst vor vielen Situationen nehmen, z.B. wenn wir in der Schule eine Arbeit schreiben oder wenn wir zum

Zahnarzt müssen. In einer solchen Situation hält man die Hände für einige Minuten auf sein Herz und an die Stirn. Das ist schnell erledigt.

Es gibt aber auch Ängste, die wir schon länger haben. Ängste vor Dingen oder Tieren. Nehmen wir mal als Beispiel die Angst vor einem Käfer. Viele Kinder, haben Angst vor Käfer oder anderen kleinen Krabbeltieren. Erinnern wir uns einmal zurück an die fünf Lebensregeln. Die letzte der Regeln heißt: „Gerade heute sei freundlich zu allen". Zugegeben, wie kann man zu etwas freundlich sein, vor dem man Angst hat? Das geht natürlich nur schwer. Wenn wir uns aber mal ein paar Gedanken über unseren Käfer machen, wenn wir es schaffen, ihn einmal genau zu beobachten, werden wir feststellen, dass es eigentlich gar keinen Grund gibt, sich vor ihm zu fürchten. Ein Käfer ist viel, viel kleiner als wir, er hat keine Reißzähne wie ein Tiger, er hat keinen Giftstachel und deshalb kann er uns nichts tun. Manchmal hilft es uns schon viel, wenn wir uns mit den

Dingen beschäftigen, die uns Angst machen. Aber nicht immer haben wir damit Erfolg. Die Angst bleibt trotzdem. Dann machen wir mit der fünften Regel weiter. Wir sagen uns, dass der Käfer wichtig ist. Das es einen Grund hat, dass es ihn gibt. Und das er , genauso wie wir, ein Geschöpf Gottes ist.

Jedes Geschöpf hat das Recht auf sein Leben. Auch wenn ein Käfer keinen Rechtsanwalt hat. Was würdest du denn davon halten, wenn ein riesiger Riesenriese einfach so, ohne Grund, auf dich drauf treten würde?

Diese Gedanken machst du dir abends, bevor du schlafen gehst. Am Besten geht das, wenn du schon in deinem Bett liegst. Und dann legst du die Hände auf deinen Kopf und bittest im Gebet darum, dass Reiki dir die Angst vor den Käfern nehmen soll.

Das geht natürlich erst dann, wenn du eingeweiht bist. Denn sonst ist es ja deine eigene Energie, die du in den Händen spürst.

Wenn du diese Übung öfter machst, wirst du den Käfer irgendwann vielleicht mal nett finden. Du mußt ihn ja nicht gleich lieben. Aber vielleicht hast du irgendwann keine Angst mehr vor ihm. Dann setzt du ihn in ein Glas und bringst ihn in den Garten.

Manchmal braucht man ein wenig Geduld, wenn mal etwas nicht sofort hinhaut.
So ist es auch mit der Reikikraft. Je öfter du Reiki empfängst, desto besser wirst du die

Energie in deinen Händen spüren. Am Anfang kann es manchmal sein, dass du nicht viel oder gar nichts spürst. Lasse dich davon nicht verunsichern. Reiki fließt trotzdem. Es gibt keinen Menschen, der überhaupt keine Energie braucht. Und mit der Zeit wirst du merken, dass du nur an Reiki denken mußt und deine Hände werden langsam warm.

Übrigens, Reiki darf jeder Mensch, der es möchte, von dir bekommen. Und bei jedem wird seine mächtige Kraft etwas Gutes tun. Es ist ganz egal wie alt dieser Mensch ist, in welchem Land er geboren wurde, welchen Beruf er hat oder in welche Kirche er geht. Reiki ist für alle da.

Reiki sucht den Grund einer Krankheit

Wenn wir genug Energie in uns haben, kann eine Krankheit besser heilen und andere Krankheiten können erst gar nicht entstehen. Dann haben wir nämlich so viele kleine Helfer in uns, die wie Soldaten am Eingang einer Burg Feinde abhalten.

Manchmal braucht man bei einer Krankheit sofort Hilfe und Reiki reicht alleine nicht mehr aus. Wenn wir zum Beispiel starke Schmerzen haben. Dann nimmt man eine Schmerztablette und nach einigen Minuten ist oft der Schmerz vorbei. Wenn die Wirkung der Tablette aber nachläßt, geht der Schmerz oft wieder weiter.

Jeder Schmerz hat einen Grund. Nichts tut weh, wenn kein Problem da ist. Wenn der Rücken weh tut, liegt es oft daran, dass die Muskeln um die Wirbelsäule verkrampft sind. Eine Schmerztablette löst diese Verkrampfung nur wenig. Reiki erkennt aber ganz genau, wo das Problem liegt und versucht nicht den Schmerz, sondern die Verkrampfung zu lösen. Und dann hat man auch keine Schmerzen mehr.

Manchmal bleibt aber das Problem, obwohl man schon oft Reiki empfangen hat. Dann muß man mal ganz genau darüber nachdenken, warum man dieses Problem überhaupt hat.

An unserem Beispiel mit dem Rücken können Muskeln verkrampfen, wenn man zuwenig Sport treibt. Sport ist aber wichtig, damit sich unsere Muskeln kräftig entwikkeln. Wenn die Muskeln zu schwach sind, können sie die Knochen nicht genug stützen und wir haben Schmerzen. Dann hilft auch kein Reiki, denn die Schmerzen sind entstanden, weil wir zu wenig trainiert haben. Nicht weil der Körper an dieser Stelle zu wenig Energie hat.

Ein anderes Beispiel ist Hunger. Wenn wir morgens in die Schule gehen, ohne etwas gegessen zu haben, tut der Bauch spätestens in der ersten großen Pause weh. Dem Bauch ist es ziemlich egal, ob er dann Reiki bekommt. Der Magen tut weh, weil er Hunger hat.

Wenn wir also unserem Körper Reiki geben und das Problem verschwindet trotzdem nicht, liegt es wahrscheinlich daran, dass wir unsere Gewohnheiten ändern müssen.

Empfangen wir dann auch noch regelmäßig Reiki, wird der Körper durch die Energie gestärkt und kann sich so ideal gegen Krankheiten schützen.

Die Stärke der Reikiwirkung

Durch die Einweihung können wir immer, wenn wir es wollen, Reiki empfangen und geben. Wenn uns etwas weh tut, legen wir unsere Hände genau an diese Stelle. Manchmal ist der Grund eines Schmerzes aber an einer ganz anderen Stelle. Es kann zum Beispiel sein, dass ein Mensch Kopfschmerzen hat, und der Grund dafür ist ein kranker Rücken. Da macht es wenig Sinn, die Hände nur auf den Kopf zu legen.

Manchmal gibt es in unserem Transportsystem kleine Staudämme. Diese verhindern, dass die Reikienergie weiter dort hin fließen kann, wo sie tatsächlich gebraucht wird. Und weil wir nicht in unseren Körper hinein sehen können, wissen wir nicht automatisch, wo denn genau diese Staudämme sind.

Damit sich die Reikikraft gleichmäßig im ganzen Körper verteilen kann, müssen die Hände für ein paar Minuten an ganz viele Stellen gehalten werden. Und von diesen Stellen aus, kann die Energie zu den verschiedenen Körperteilen fließen und nach unseren Problemen suchen.

Wenn Reiki durch unseren Körper fließt, spüren die meisten Menschen, dass es unter den Händen warm wird. Dann ist ziemlich klar, dass der Mensch Reiki braucht und er viel Energie in seinen Körper zieht.

Diesen Vorgang kann man sogar wissenschaftlich erklären. Wenn die Energie aus den Händen in den Körper gezogen wird, dann muß sie sich bewegen. Die vielen kleine Teilchen, aus denen die Energie besteht, knallen durch die Bewegung aneinander und reiben sich. Durch Reibung entsteht Hitze. (Probier es doch mal selbst aus. Nimm doch einfach mal in jede Hand ein Stück Holz oder einen Stein und reibe sie ein paar Sekunden aneinander. Deine Hände bleiben kalt und das Holz oder die Steine werden warm.)

Deshalb ist es auch möglich, dass beim Reiki die Hände kalt bleiben und man trotzdem darunter eine starke Hitze spürt.

Wenn man länger als 10 Minuten Reiki bekommt, kann es passieren, dass die Hitze unter den Händen plötzlich weniger wird. Dann hat der Körper genug Reiki an dieser Stelle bekommen und man kann an einem anderen Teil des Körpers weiter machen.

Wieviel Reiki ein Mensch aufnimmt, entscheidet der Körper ganz alleine.

Wenn es nicht mehr warm wird, hat er genug Energie.

Manchmal gibt es Menschen, denen es ganz schön schlecht geht. Da müßte man doch glauben, dass die ganz viel Reiki brauchen. Und trotzdem bleibt die Hitze nicht lang unter den Händen. Wenn so etwas passiert, hat der Körper zu wenig Kraft, die viele Energie zu verarbeiten. Dann muß man einfach ein paar Tage warten. Vielleicht geht es dem Menschen bis dahin schon ein bißchen besser und er nimmt an diesem Tag mehr Reiki an.

Wie stark Reiki wirkt hängt nicht davon ab, wo man es bekommt. Wenn uns plötzlich irgend etwas weh tut, vielleicht weil wir gefal-

len sind oder uns verbrannt haben, dann muß sofort die Hand auf die verletzte Stelle gelegt werden. Das kann auf dem Spielplatz sein, in der Küche oder auf dem Schulhof.
Wenn man aber durch Reiki entspannen und ausruhen möchte, dann wirkt es am Besten, wenn man vorher den Raum gemütlich gestaltet. Zum Beispiel kann man ruhige Musik einlegen, ein Teelicht anzünden und den Platz, an dem man liegen möchte mit Kissen und Decken polstern. Und in diese „Höhle" kuschelt man sich

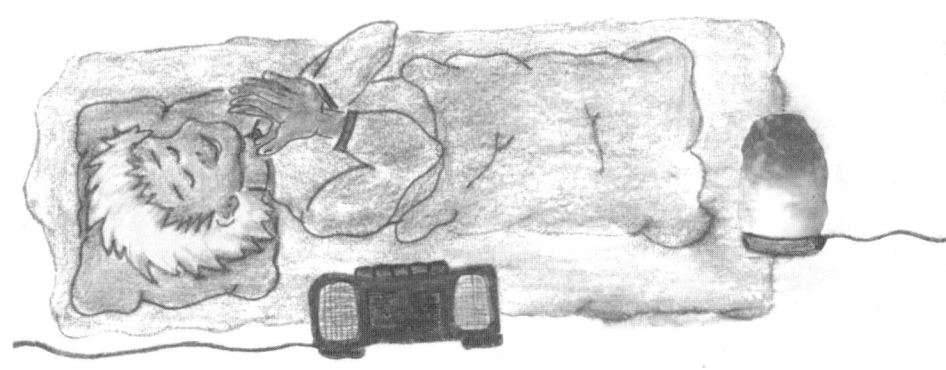

Außerdem gibt es Öle, die man in Duftöfchen füllen kann. Diese Duftöle werden dann mit einer Kerze erhitzt und ihr Geruch verteilt sich im ganzen Zimmer. Wenn das ein Geruch ist, den man mag, fühlt man sich schon beim Reinkommen richtig wohl. Und dann fällt es auch leichter, sich schnell zu entspannen.

Manchmal möchten Leute
auch mal kein Reiki

Wenn ein Mensch nicht an die Wirkung von Reiki glaubt und es nicht empfangen möchte, dann müssen wir diesen Wunsch auf jeden Fall einhalten. Es mag ja auch nicht jeder Erdbeereis, obwohl es gut schmeckt.

Manchmal hat man so ein Gefühl, dass Reiki diesem Menschen aber bestimmt gut tun würde. Dann hätte man gerade Lust, ihm einfach heimlich Reiki zu geben. Zum Beispiel, wenn man die Hand kumpelhaft auf seine Schulter legt. Dann merkt er es ja nicht. Oder wenn der kleine Bruder schon tief am schlafen ist. Auch dann würde er wahrscheinlich nicht merken, dass er nun doch Reiki bekommt.

Aber das ist nicht erlaubt. Wenn ein Mensch entschieden hat, dass er kein Reiki bekommen möchte, müssen wir das einsehen.

Nun könnte man denken, dass das doch gar keiner merkt.

Schauen wir uns doch mal den guten, alten Nikolaus an: Er beobachtet uns das ganze Jahr und schreibt alle unsere Taten in sein dickes Buch hinein. Am Nikolaustag werden wir dann für die guten Taten belohnt.

Genauso ist es mit dem, was wir in unserem Leben tun.

Versuchen wir alle Regeln zu befolgen und ein guter Mensch zu sein, so werden wir dafür irgendwann belohnt. Das merkt man daran, dass viele Dinge so richtig gut hinhauen. Manchmal braucht man einfach nur ein bißchen Geduld. Denn wenn jemand heute kein Reiki will, heißt das doch nicht, dass er es nie bekommen möchte. Und vielleicht kommt ja gerade dieser Mensch in ein paar Wochen zu dir und bittet dich, dass du ihm mal ein bißchen Energie geben sollst.

Nicht jeder deiner Freunde versteht sofort, was Reiki ist. Es hat ja auch nicht jeder, so wie du, ein Buch darüber gelesen. Und deshalb werden sie auch unterschiedlich reagieren, wenn du ihnen davon erzählst.

Ganz bestimmt sind ein paar dabei, die dieses Thema super interessant finden und fragen dir darüber Löcher in den Bauch.

Es wird aber auch Menschen geben, denen das Thema unheimlich ist. Und bevor sie ganz viel Angst kriegen, möchten sie lieber nichts darüber erfahren. Und wieder andere glauben einfach nicht daran, was du da so erzählst. Wenn andere glauben, dass du spinnst, dann rede einfach nicht mehr mit ihnen über dieses Thema.

Wenn du die Reikienergie spürst, dann glaube weiter an ihre mächtige Kraft und lasse sie dein ständiger Begleiter sein.

Der erste Grad des Usui – Reiki

Nun hast du schon ganz viel über Reiki erfahren. Was Reiki eigentlich ist, wer es wieder entdeckt hat, wo es herkommt und was man alles damit anfangen kann.

Wenn du auf dieser Seite mit dem Lesen angekommen bist, dann bist du schon ein richtiger kleiner Fachmann, bzw., wenn du ein Mädchen bist, eine Fachfrau.

Auf den letzten Seiten wurden Dinge erklärt, die du jetzt schon gut verstehen kannst. Manchmal wurden schwierige Fachwörter verwendet, die du vielleicht auch schon selbstverständlich benutzt.

Möglicherweise hast du sogar schon einmal Reiki von jemandem bekommen. Dann weißt du sogar, wie sich diese Kraft in deinem Körper anfühlt.

Nur eines fehlt dir jetzt noch. Nämlich die Möglichkeit, selbst Reiki zu empfangen und es weiter zu geben.

Das geht nur, wenn dich ein Reikimeister –
Lehrer in die erste Stufe der Reikilehre ein-
weiht.
(Weißt du es noch, bei einer Einweihung
werden deine Transportwege, die Kanäle,
frei gepustet, damit sich Reiki in deinem
Körper gleichmäßig verteilen kann)
In der Arbeit mit Reiki spricht man aber nicht
von Stufen, sondern von verschiedenen
Graden. Und die erste Einweihung bringt
dich in den ersten Grad und dann bist du ein
„Reikianer". Einer, der seine Kanäle geöffnet
hat. Willkommen im Club!
Naja, noch ist es ja nicht soweit.
Für die Einweihung in den ersten Grad ver-
bringst du ein Wochenende mit einem Reikimeister – Lehrer und einigen anderen Kindern, die genau wie du, Reikianer werden
möchten. Für Mamas, Papas, Tanten, Onkel, Omas und Opas gibt es extra Wochen-
enden für Erwachsene. Manche Reikischu-
len bieten auch Kurse an, in denen Kinder
mit ihren Eltern gemeinsam eingeweiht werden können.

Du wirst viel lernen, von dem du vielleicht durch dieses Buch schon einiges weißt.

Aber es gibt Themen, die man gar nicht oft genug hören kann, damit man sie nicht wieder vergißt.

Wenn du eingeweiht wirst, bist du mit deinem Reikilehrer alleine. Und danach kannst du in aller Ruhe mit ihm darüber sprechen, was du während deiner Einweihung erlebt hast.

Manchmal gibt es da gar nicht viel zu erzählen. Oder vielleicht möchtest du ja auch nicht darüber reden. Dann ist das okay und das Programm geht einfach weiter.

An diesem Wochenende wirst du drei mal die Einweihung bekommen. Und bereits nach dem ersten Mal, kannst du schon Reiki empfangen und es weitergeben. Das ist ein ganz tolles Erlebnis. Denn eigentlich kann man es fast nicht glauben, dass man plötzlich etwas kann, was vor zehn Minuten noch nicht geklappt hat.

Die Reikikraft fließt über eine kleine Öffnung am oberen Teil deines Kopfes in den Körper hinein. Von dort wird sie über die Transportwege in dein Herz gebracht. Erst dann fließt sie zu deinen Händen, aus denen sie wieder rausfließen kann.

Du wirst die Griffe erlernen, mit denen du deinen ganzen Körper mit Reiki versorgen kannst. Dann suchst du dir einen Partner aus, mit dem du diese Griffe ausprobierst.

Und vielleicht hörst du auch von Dingen, mit denen du als Reikianer zusätzlich arbeiten kannst. Oft wird zum Beispiel über Energiefelder um und in deinem Körper gesprochen. Diese nennt man in der Fachsprache Aura und Chakren. Im nächsten Kapitel werden diese Begriffe ausführlich erklärt.

Und wenn das Wochenende zu ende ist, wirst du megastolz nach Hause gehen, Mama und Papa deine Urkunde zeigen und zum ersten Mal ganz alleine die Hände auflegen und spüren, dass du ab jetzt dir und anderen Reiki geben kannst.

Über die Teilnahme
am ersten Grad
des traditionellen

Usui - Reiki

**Datum, Reikimeister -
Lehrer**

Die Aura

Hast du dich eigentlich schon einmal gefragt, wo wohl genau unsere Seele sitzt? Die meisten Leute sagen, sie wäre in unserem Herzen. Und wenn man sie fragt, wo denn der Geist sein Zimmer hat, dann antworten sie wahrscheinlich: „Im Gehirn".

Dein Herz ist ungefähr so groß, wie deine Faust. Kannst du dir vorstellen, dass in einem so kleinen Organ, so viel Platz für deine Seele ist?

Immerhin sind in der Seele alle deine Gefühle zuhause. Und die Seele hat ein gutes Gedächtnis. Sie merkt sich alles, was du in deinem ganzen Leben fühlst. Und damit es nicht verloren geht, verpackt sie alles ordentlich in Kisten und stellt sie auf ein Regal. Und es gibt ganz schön viele Kisten. Es gibt Kisten für alles, was dich glücklich macht, für das, was dich traurig macht und für deine Ängste. Wenn eine Kiste voll ist, dann besorgt die Seele eine neue und alles, was du in Zukunft fühlst wird dann da rein gepackt. Bis auch diese Kiste wieder bis zum Rand gefüllt ist.

Genau so macht es auch dein Verstand. Alles, was du denkst, und alles, was du lernst verpackt und aufgehoben.

Was sich da im Laufe eines Lebens so alles ansammelt, passt ganz bestimmt nicht in dein Herzchen oder ins Gehirn.

Natürlich gibt es die vielen Kisten nicht wirklich. Aber tatsächlich werden alle deine Gefühle und Gedanken irgendwo gelagert. Und weil dafür in unserem Körper nicht genug Platz ist, gibt es dafür um den Körper herum eine Hülle. Diese Hülle nennt man die „Aura". Es gibt nur ganz wenige Menschen, die die Aura sehen können. Denn sie besteht ja nicht, wir der Körper, aus Fleisch und Blut.

Vielleicht hast du in der Schule schon das Fach Physik. Da lernt man, dass es viele Dinge gibt, die ihre Form verändern können. Sie können fest sein, flüssig oder auch gasförmig.

Ein gutes Beispiel dafür ist das Wasser. Wasser ist normalerweise flüssig. Wenn man es aber in eine Kühltruhe legt, dann gefriert es und wird ganz fest dabei. Und wenn man Wasser in einem Topf erhitzt, beginnt es zu kochen und verdampft. Den Dampf kann man nur schwer sehen und auch nicht anfassen.

Und genau so ist es mit der Aura. Die Aura ist die Schicht, die eher gasförmig um den Körper herum liegt. Der Körper hat feste und flüssige Teile. Die Knochen und Organe aber auch das Blut.

Die Aura ist gasförmig. Und dieses Gas nennt man auch Energie. Wie wir wissen ist Energie etwas Unsichtbares, aber sie hat ganz viel Kraft. Und weil die Aura so viel Kraft hat, schützt sie unseren Körper vor Krankheiten. Wie ein dicker Mantel, der im Winter die eisige Kälte von uns abhält.

Die Aura ist ganz bunt. Sie hat so viele Farben, wie wir sie in einem Regenbogen erkennen können.

Wenn die Farben genug Energie haben, können sie klar und hell leuchten. Haben sie aber zu wenig Energie, dann werden sie trüb und dunkel. Das ist wie mit einer Taschenlampe. Ist die Batterie neu und voll, dann strahlt das Lämpchen ganz hell. Je weniger Energie aber in der Batterie ist, desto weniger Kraft hat auch das Licht.

Und wenn die Aura zu wenig Kraft hat, kann sie unseren Körper nicht mehr vor Krankheiten schützen. Also müssen wir Reiki empfangen, damit die Energie in unserem Körper und in der Aura wieder aufgeladen wird. Und nur dann kann es uns gut gehen.

Die Chakren

Wie kommt Reiki aber nun durch die Aura in unseren Körper?

In der Aura befinden sich viele, kleine Türen. Sie sind nicht viereckig, sondern rund. Sie sehen aus, wie das Rad einer alten Wassermühle.

Diese Räder heißen „Chakren".

Die Chakren sehen nicht nur aus, wie ein Mühlenrad, sie arbeiten auch genau so. Sie lassen die Reikienergie in unseren Körper und treiben sie in unserem Transportsystem voran.

Manchmal hat ein Chakra zuwenig Kraft sich zu drehen. Oder es hat sich etwas eingefangen, was sein Drehen blockiert. Dann kann es die Reikienergie nicht weiter in den Körper pumpen. Das ist natürlich ganz schlecht. Denn dann bekommen die anderen Chakren auch keine Energie mehr und können irgendwann auch nicht mehr richtig arbeiten.

Und wo bleibt dann die Energie, die in den Körper hinein gekommen ist?

Sie staut sich vor dem ersten Chakra, das sich nicht richtig dreht. So, wie bei einem Fluß, in dem ein Biber einen Staudamm gebaut hat. Auf der einen Seite des Staudammes sammelt sich immer mehr Wasser an und auf der anderen Seite trocknet der Fluß fast aus. Wenn der Staudamm nicht irgendwann aufgelöst wird, kommt es zu einer Katastrophe. Vor dem Staudamm wird alles mit Wasser überschwemmt und dahinter haben die Fische und Pflanzen keinen Sauerstoff und keine Nahrung mehr.

So ist es auch in unserem Körper. Wenn die Chakren die Energie nicht richtig weiter treiben, staut sie sich an irgend einer Stelle. Es sammelt sich immer mehr Energie an, von der gar nicht alles verbraucht werden kann. Und der Rest des Körpers hat dafür zu wenig Energie und wird krank.

Also müssen wir dafür sorgen, dass die Chakren genug Kraft haben, sich zu drehen um die Energie gleichmäßig im ganzen Körper verteilen zu können.

Dafür mußt du natürlich wissen, an welcher Stelle im Körper die Chakren sind.

Eigentlich gibt es ganz viele Chakren. Sie verteilen sich an unterschiedlichen Stellen im ganzen Körper.

Es wäre viel zu mühsam, alle Chakren zu kennen und zu wissen, wo sie im Körper liegen. Deshalb beschäftigen wir uns in diesem Buch nur mit den sieben wichtigsten, den Hauptchakren.

Wenn diese sieben Chakren richtig arbeiten, hat das auf die restlichen eine so starke Wirkung, dass es denen auch gut geht.

So wie unsere Aura, sind auch die Chakren bunt. Jedes Chakra hat eine bestimmte Farbe. Und genau wie bei der Aura, gibt es nur ganz wenig Menschen, die die Chakren sehen können.

Jedes Chakra hat einen bestimmten Namen und ganz bestimmte Aufgaben. Auch wenn jedes Chakra eine andere Aufgabe hat, sind sie doch alle gleich wichtig.

Die sieben Hauptchakren liegen der Reihe nach, in unserem Körper übereinander.

Das erste Chakra:

Das erste und tiefste Chakra heißt Wurzel. (Das läßt sich gut merken, denn das Tiefste an einem Baum ist auch seine Wurzel.) Ein Haus beginnt man nicht mit dem Dach zu bauen, sondern mit dem Keller.)

- Das Wurzelchakra leuchtet rot und manchmal auch schwarz
- Seine Aufgabe ist es, uns ganz viel Kraft zu geben, damit wir gesund bleiben. Und wer gesund ist, hat auch Freude und Lust an seinem Leben.
  Die Wurzel eines Baumes steckt ganz tief im Boden. Das ist wichtig, damit der Baum nicht bei jedem kleinen Sturm um- fällt. So ist es auch mit dem Wurzelcha- kra. Es hilft uns dabei, mit beiden Füßen fest auf der Erde zu stehen und nicht gleich bei jedem kleinen Problem „in die Luft" zu gehen.
- Es sitzt zwischen unseren Beinen, unter dem Unterleib.

Das zweite Chakra:

- Das zweite Chakra heißt Hara. (Nicht zu jedem Chakra gibt es etwas, womit man sich seinen Namen besser merken kann. Vielleicht hast du ja eine gute Idee)
- Das Hara leuchtet orange
- Wenn du etwas geplant hast, was dich sehr viel Mühe und Zeit kostet, dann bekommst du die nötige Kraft dafür von deinem Hara. Es hilft dir dabei, gute Ideen zu entwickeln und von tollen Sachen begeistert zu sein. Das stärkt deine Freude am Leben und das tut deiner Seele gut. Du weißt ja, wenn es der Seele gut geht, haben es ihre beiden Freunde, der Körper und der Geist auch gut.
- Das Hara liegt ungefähr zwei Fingerbreiten unter dem Nabel.

Das dritte Chakra:

- Das dritte Chakra hat einen langen Namen. Es heißt „Sonnengeflecht". Seinen Namen hat es wegen seiner Farbe und den vielen Aufgaben, die teilweise auch die Sonne erfüllt.
- Das Sonnengeflecht (auch Solarplexus genannt)
- leuchtet gelb, wie die Sonne.
- Wenn die Sonne scheint, dann sind die Menschen meistens viel besser gelaunt, wie wenn es regnet. Und genau dafür sorgt auch dieses Chakra. Es gibt dir gute Laune. Wenn du gut gelaunt bist, hast du Lust, dir was schönes anzuziehen und mit anderen etwas zu unternehmen.
- Das Sonnengeflecht liegt genau unter deinen Rippen, in der Mitte über dem Magen. Kennst du das Gefühl, das man hat, wenn man etwas ganz tolles oder

etwas ganz schlimmes erfahren hat? Da wird es einem ganz heiß. Manche Menschen sagen sogar, „das ist mir jetzt auf den Magen geschlagen". In Wirklichkeit fühlen wir diese Gefühle aber mit dem Sonnengeflecht. Die meisten denken nur, es wäre der Magen, weil er ja genau darunter liegt.

Das vierte Chakra:

- Das vierte Chakra heißt Herzchakra. Das ist leicht zu merken, denn es liegt auch genau im Herzen.
- Das Herzchakra hat zwei Farben, nämlich grün und rosa. Manche Menschen sagen, dass man mit Liebe alles heilen kann. Vielleicht hat das Herzchakra deshalb diese beiden Farben, denn das Grün hilft zu heilen und das Rosa ist die Farbe der Liebe.
- Das Herzchakra sorgt dafür, dass du andere Menschen lieb hast, dich um sie sorgst, dass du dich mit deinen Geschwistern verträgst und vor allem, dass du dich selbst o.k. findest, so wie du bist und auf dich aufpaßt.

Das fünfte Chakra:

- Das fünfte Chakra heißt Kehlkopf – oder Halschakra. Es liegt im Hals, in der Höhle unter dem Kehlkopf.
- Das Halschakra leuchtet hellblau bis türkis
- Es stärkt deine Stimme, die du ganz dringend brauchst, um dich mit anderen zu unterhalten.
- Es gibt dir den Mut, etwas wichtiges zu sagen, wenn du dich mal nicht traust. Aber auch dich bei einem anderen zu entschuldigen, wenn du etwas gemeines gesagt hast.

Das sechste Chakra:

- Das sechste Chakra heißt Stirnchakra. Es hat seinen Namen wegen der Stelle, an dem es ist. Es liegt nämlich auf der Stirn, genau zwischen deinen Augen. Deshalb heißt dieses Chakra auch „Drittes Auge"

- Seine Farbe ist dunkelblau bis lila.

- Von diesem Chakra wird gesagt, dass es fast magische Kräfte hat. Ist es dir schon mal passiert, dass du ganz fest an jemanden gedacht hast und derjenige ruft dich ein paar Tage später an? Ein anderes Beispiel ist, dass du einen guten Freund beobachtest und ganz genau weißt, was er gerade denkt. Wenn so etwas passiert, dann hatte auf jeden Fall das Stirnchakra seine Finger mit im Spiel. Mit der Kraft des Stirnchakras vertragen

sich auch deine drei Freunde, der Körper,
der Geist und die Seele.

Das siebte Chakra:

- Das siebte Chakra
  ist das oberste und
  liegt, fast schon in
  der Aura, über
  deinem Kopf. Und
  weil es an der
  Stelle liegt, wo Könige
  ihre Kronen sitzen haben, heißt es auch so.
  Kronenchakra.
- Das Kronenchakra hat mehrere Farben:
  Weiß, Gold und Violett
- Seine Aufgaben betreffen nur noch ganz
  wenig unseren Körper, sondern mehr den
  Geist. Wenn wir eine tolle Idee haben,
  oder wenn uns plötzlich etwas einfällt,
  kommen diese Informationen durch das
  Kronenchakra. Ein Gespräch mit dem lieben Gott geht seinen Weg durch dieses
  Chakra.

Das Kronenchakra hat ganz schön viel Verantwortung. Es sorgt sich darum, dass die unteren Chakren vernünftig miteinander arbeiten, so dass die Energie sich gerecht im ganzen Körper verteilt.

Die Reikienergie kommt zum größten Teil durch die Krone und wird über die Transportwege zum Herzen geleitet. Dort füllt sich die Energie mit den Farben des Herzens auf. Grün und Rosa haben ja eine heilende Wirkung. Und erst dann kann die Energie zu den Händen transportiert werden. In den Handinnenflächen sind die Handchakren. Sie machen ihre Tür auf und die Reikienergie kann an einen Menschen abgegeben werden.

Dabei ist es egal, ob du dir selbst oder einem anderen Menschen Reiki gibst. Auf alle Fälle bekommst du auch immer Energie, wenn du einem anderen Reiki gibst. Denn bevor er es bekommt, fließt es zuerst durch deinen Körper. Keine Angst, der andere bekommt keine „gebrauchte" Energie. Reiki ist so mächtig und kraftvoll, dass für jeden genug davon da ist. Außerdem sind deine Kanäle durch die Einweihung gereinigt.

Der Chakrenausgleich

Manchmal war der Biber in unserem Transportsystem am Werk. Dann dreht sich plötzlich ein Chakra nicht mehr und die Energie staut sich auf. Und wie wir wissen, drehen sich die anderen Chakren dann auch irgendwann nicht mehr richtig. Damit sich die Reikienergie gleichmäßig im ganzen Körper verteilen kann, müssen die Chakren auch gleichmäßig arbeiten. Immer, wenn ein Chakra mehr oder weniger arbeitet, als die anderen, kommt es zum Energiestau.

Also müssen wir regelmäßig dafür sorgen, dass sich alle Chakren gleich stark drehen. Diese Übung nennt man „Chakrenausgleich".

Beim Chakrenausgleich spielt das Kronenchakra keine Rolle. Es ist selbst so stark, dass wir es nicht bearbeiten müssen.

Dann bleiben uns noch sechs Chakren, die ausgeglichen werden müssen.

Mache den Chakrenausgleich erst nach deiner Einweihung in den ersten Grad!

Wenn du dir einen Würfel genau anschaust, wirst du sehen, dass die Zahlen, die sich gegenüber liegen immer sieben ergeben.
So ist es auch beim Chakrenausgleich.
Du hältst deine Hände immer auf die beiden Chakren, die zusammen die Zahl sieben ergeben.

Wurzel (1) mit Stirn (6)

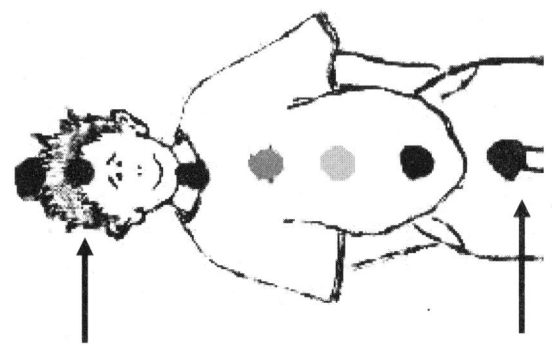

Hara (2) mit Hals (5)

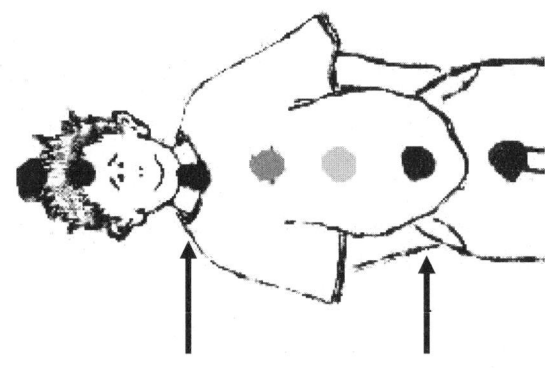

Sonnengeflecht (3) mit Herz (4)

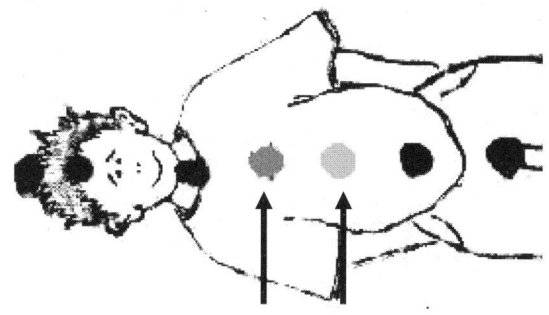

Halte deine Hände mindestens 5 Minuten in jeder Position. Wenn du spürst, dass es unter beiden Händen gleich warm ist, kannst du aufhören und mit den nächsten Chakren genau so weitermachen.

Damit alle Chakren immer gleichmäßig arbeiten, ist es ganz schlecht, immer nur ein Chakra besonders mit Reikienergie zu versorgen. So etwas macht man nur dann, wenn man spürt, dass ein Chakra durch irgend einen Grund blockiert ist und nicht richtig arbeitet. Das merkt man daran, dass es an einer Stelle nicht warm wird, sondern eisekalt.

Um so etwas richtig erkennen zu können, brauchst du ganz viel Übung. Es kann nämlich auch sein, dass es mal an einer Stelle einfach nur nicht warm wird. Dann zieht der Körper dort keine Energie, weil sie an einer anderen Stelle dringender gebraucht wird.

Versorge ein bestimmtes Chakra nur dann besonders mit Energie, wenn du dir sicher bist, dass du „eisekalt" nicht mit „nicht warm werden" verwechselst.

Die Reiki - Körperpositionen

Es gibt Situationen, zum Beispiel, wenn uns etwas plötzlich weh tut, da muß man auf die schmerzende Stelle die Hände legen, um schnelle Hilfe zu bekommen. Aber oft liegen die Ursachen der Probleme ganz anders als da, wo sich das Problem zeigt. (Erinnern wir uns an die Kopfschmerzen, die entstanden sind, weil der Rücken nicht in Ordnung ist.) In diesem Beispiel war es ein Problem im Körper, das zu einem anderen Problem im Körper geführt hat.

Wir wissen aber, dass Probleme im Körper entstehen können, wenn was mit seinen beiden Freunden, dem Geist oder der Seele nicht in Ordnung ist. Und da wird es ganz schön kompliziert, heraus zu finden, wo denn nun der Anfang unseres Problems ist. Denn wie schon erwähnt, können wir ja die Seele und den Geist nicht sehen oder anfassen. Und dann ist es eigentlich logisch, dass man auch nicht sehen kann, wenn eines der beiden ein Problem hat.

Reiki sucht den Grund einer Krankheit. Deshalb ist es wichtig, dass wir ab und zu mal unsere Hände an viele Stellen des Körpers legen, damit die Reikienergie sich gleichmäßig verteilen kann. Auch wenn an manchen Stellen „Staudämme" sind.

Diese Stellen heißen „Körperpositionen". (Eine Körperposition ist eine genau festgelegte Stelle, an der die Hände in eine bestimmte Richtung gehalten werden und an der die Reikikraft besonders kraftvoll in den Körper fließen kann) An jeder dieser 19 Positionen hältst du deine Hände für einige Minuten. Du kannst sie auf den Körper legen oder ungefähr 10 Zentimeter darüber, in der Aura, bleiben. Manche Leute mögen nicht so gerne angefaßt werden. Die Wirkung ist aber in jedem Fall die gleiche.

Wenn du am Anfang noch unsicher bist, wo denn noch mal alle Stellen genau liegen, dann lege deine Vorlage neben dich. Dann kann nichts schief gehen. Und wenn du diese Übung ein paar mal gemacht hast, weißt du die Stellen irgendwann auswendig. Wenn du immer im gleichen Raum Reiki gibst, kannst du deine Vorlage auch in einen Bilderrahmen legen und an die Wand hängen. Am Ende dieses Kapitels findest du eine genaue Übersicht aller Positionen. Diese kannst du dir in einem Kopiergeschäft vergrößern lassen.

Jetzt bist du aber bestimmt schon ganz gespannt, wie denn die einzelnen Positionen aussehen und funktionieren.

Bitte beachte, dass du sie erst dann anwendest, wenn du schon in den ersten Grad geweiht worden bist. Denn du weißt ja, dass du sonst deine eigene Energie hergibst und das kann dir schaden.

Bevor du die Hände auf eine bestimmte Stelle legst, schließe kurz deine Augen, halte deine Hände, wie zum Gebet mit den Handflächen aneinander, vor dein Herz und bitte darum, dass die Reikikraft jetzt durch dich durchfließen soll. Und dann wartest du einen Moment, bis du spürst, wie es in deinen Händen warm wird oder anfängt zu prickeln. Und erst dann beginnst du mit deiner Arbeit. In der Innenfläche deiner Hand liegt unter den Fingern (man nennt das auch Handteller) das Handchakra, an dem Reiki aus deinem Körper fließt.

Halte deine Finger immer zusammen und forme deine Hände wie eine kleine Schale. Stelle dir vor, dass die Reikikraft wie ein Laser aus deinen Händen fließt und die Körperstelle, an der du gerade bist, mit Energie versorgt.

Nun aber endlich zu den Positionen:

Alle Griffe, die du bei einem anderen benutzt, kannst du auch bei dir selbst verwenden. Manchmal muß man sich dabei ein wenig strecken, um überall mit seinen Händen hin zu kommen. Mit ein bißchen Übung wird der Körper immer beweglicher und dann ist das kein Problem mehr.

Lege dich auf den Rücken und schließe deine Augen. Bevor du mit Reiki beginnst, lege dich erst richtig gemütlich hin. Wenn du dich ständig anders legen mußt, kannst du dich nicht auf Reiki konzentrieren und entspannen kannst du dann auch nicht.

Position 1:

Lege deine Hände nebeneinander über dein Gesicht. Dabei sind deine Augen, die Stirn und die Nase abgedeckt.

Position 2:

Deine Schläfen sind die dünnen Knochen-platten neben den Augen kurz vor deinem Kopfhaar.

Position 3: Auf den Ohren

Position 4:

Halte deine Hände an deinen Hinterkopf.

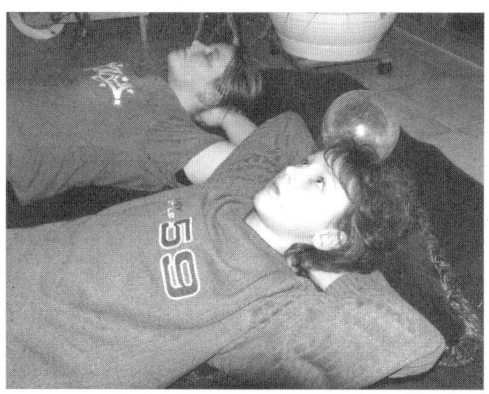

Position 5:

Lege deine Hände wie ein Dach vor deinen Hals .

Position 6:

Lege deine Hände so übereinander, dass dein Herz genau in der Mitte liegt.

Position 7:

In der Mitte, zwischen deiner Brust, ist ein Knochen. Der heißt Brustbein. Am unteren Ende des Brustbeines wird es ganz weich. Rechts und links spürst du deine Rippen. In der weichen Höhle unter deinem Brustbein liegt das dritte Chakra, das Sonnengeflecht.

Position 8:

Halte deine Hände an den Seiten unter deine Rippen. Dort versorgst du fast alle wichtigen Organe (Leber, Galle, Magen, Nieren, Darm) mit Reiki.

Position 9:

Lege deine Hände so übereinander dass der Nabel genau zwischen beiden Händen liegt. Dann hast du das Hara abgedeckt.

Position 10:

Um das Wurzelchakra mit Reiki zu versorgen, setzt du dich am besten hin. Im Liegen sind deine Arme wahrscheinlich zu kurz. Halte deine Hände genau zwischen deine Beine. Forme dabei mit dem Händen eine Halbkugel.

Position 11:

Bleibe sitzen und lege deine beiden Hände um ein Knie herum. Am besten liegt eine Hand auf dem Knie und die andere in der kleinen Höhle unter dem Knie an der Rückseite deines Beines. Wenn du das eine Knie ein paar Minuten mit Reiki versorgt hast, wechselst du zu dem anderen Bein.

Position 12:

Diese Position funktioniert am besten, wenn du dich in dein Bett oder auf den Boden setzt. Halte deine Hände um ein Fußgelenk und lasse ein paar Minuten Reiki fließen. Anschließend legst du die flache Hand auf deine Fußsohle (das ist die Unterseite deines Fußes), halte die andere Hand genau gegenüber auf der Vorderseite des Fußes. Wenn du mit dem ersten Fuß fertig bist, machst du das gleiche an dem Zweiten.

Reiki Körperpositionen

Gesicht

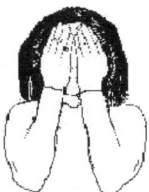

Schläfen

Ohren

Hinterkopf

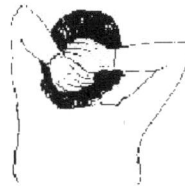

Hals

Herz

Sonnengeflecht

Rippenbogen

Nabel

Wurzel

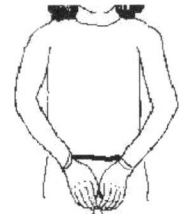

Knie

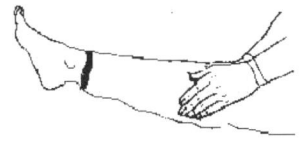

Füße

Konzentration soll
entspannend sein?

Reiki kann jeder empfangen und mit der Zeit tut es so viel Gutes, dass man sich richtig gut dabei fühlt. Eigentlich reicht das doch schon aus. Und trotzdem gibt es Leute, die machen zusätzlich noch Sachen, bei denen sie entspannen können und ganz ruhig werden.

Da gibt es zum Beispiel die Meditation. Ganz am Anfang von diesem Buch haben wir schon mal erfahren, was eine Meditation ist. Nämlich eine Übung, bei der man ganz ruhig da sitzt und sich auf *eine* bestimmte Sache konzentriert. Nun wirst du dich fragen, wie man sich entspannen soll, wenn man sich konzentrieren muß.

Um das zu beantworten, müssen wir uns zuerst einmal damit beschäftigen, warum Leute eigentlich so dringend entspannen müssen.

Früher, als deine Ururgroßeltern noch gelebt haben, da wohnten meistens mehrere Generationen in einem Haus. (Eine Generation ist der Zeitraum, der zwischen der Geburt von Eltern bis zur Geburt ihres Kindes liegt. Also zwischen dir und deinen Eltern liegt genau eine Generation. Zwischen dir und deinen Großeltern liegen zwei Generationen. Und wenn du später mal ein Kind hast, dann ist wieder mal eine Generation vergangen).

Das waren natürlich große Häuser, in denen für alle genug Platz war. Da lebten die Urgroßeltern, die Großeltern, die Eltern, Tanten und Onkel und die Kinder zusammen und haben sich gegenseitig viel geholfen. Da war irgendwie immer einer da und man mußte viele Dinge nicht alleine machen. Außerdem haben die Leute früher Gemüse angepflanzt und Tiere gezüchtet. Da brauchte man nicht ständig einkaufen zu gehen. Da war einfach alles zu Hause. Und weil das so viel Arbeit gemacht hat, hatten die Frauen keinen Beruf und mußten deshalb auch nicht ständig weg.

Heute ist das ganz anders. Weil jede Generation ihr eigenes Haus haben möchte, braucht man viel mehr Geld, wie wenn alle unter einem Dach wohnen. Also verbringen die Männer sehr viel Zeit auf ihrer Arbeitsstelle, um möglichst viel zu verdienen. Die meisten jungen Frauen haben einen Beruf und deshalb ziemlich wenig Zeit, sich um die Arbeit zu Hause zu kümmern. Deshalb müssen sie sich, bei allem was sie tun, beeilen, um abends mit allem fertig zu sein.

Die Kinder haben neben der Schule oft so viele Pflichten, dass sie kaum noch Zeit haben, um mal richtig zu spielen. Sicher, viele dieser Pflichten sind wirklich wichtig und manche hat man sich sogar selbst ausgesucht. Sportverein, Musikunterricht, Ballett, Nachhilfe, Meßdiener, Geburtstagsfeiern und und und. Es gibt so viele Dinge, an die man unbedingt denken muß, die erledigt werden müssen, die man auf keinen Fall vergessen darf.

Abends fällt man dann hundemüde in sein Bett und viele können trotzdem nicht einschlafen. Da kreisen so viele Gedanken, Fragen und Sorgen im Kopf herum, dass unser Geist, der arme Kerl, überhaupt nicht zur Ruhe kommt. Der fängt schon manchmal an und führt Selbstgespräche. Und du weißt ja, was der Körper macht, wenn es seinem Freund nicht gut geht.

Die Leute von heute, haben an soviel zu denken, dass sie sich nicht mal einfach nur hinsetzten können und entspannen.

Zugegeben, wie soll man sich entspannen und zur Ruhe kommen, wenn in unserem Kopf Kirmes ist?

Kommen wir doch nun mal wieder zurück zur Meditation. Bei einer Meditation konzentriert man sich auf *eine* Sache, um dadurch zur Ruhe zu kommen.

Gerade hast du erfahren, dass man mit so vielen Dingen im Kopf, schlecht entspannen kann. Also schicken wir diese vielen Gedanken einmal spazieren. So wie die Kinder auch mal ihre Eltern ins Kino schicken, damit sie für ein paar Stunden sturmfreie Bude haben.

Wir bereiten uns eine kleine Ecke so vor, dass man sich so richtig gemütlich hinsetzen kann. Wer es mag, läßt ganz leise ruhige Musik im Hintergrund laufen oder zündet ein buntes Teelicht an.
Und dann kann es losgehen.

Wir konzentrieren uns auf genau *eine* Sache. Vielleicht auf die brennende Kerze vor uns oder auf einen schönen Stein oder vielleicht liest uns jemand eine tolle Geschichte vor.

Es ist wirklich ganz wichtig, sich nur auf diese eine Sache zu konzentrieren. Das ist nicht immer so einfach getan als gesagt. Denn einer der vielen Gedanken, die wir spazieren geschickt haben, kommt mit Sicherheit früher nach Hause wie geplant.

Das ist aber nicht wirklich schlimm. Denn wenn wir das merken, gehen wir zu der einen Sache zurück, auf die wir uns konzentrieren wollten.

Je öfter ein Mensch diese Übung macht, desto besser wird sie ihm gelingen. Und dann stellt er fest, dass es wohl entspannend ist, sich auf etwas zu konzentrieren, weil es nämlich nur *ein* Gedanke ist. Und *ein* Gedanke ist gut zu ertragen, wenn alle anderen nicht ständig dazwischen funken.

Wenn du gelernt hast, dich beim meditieren zu entspannen, kannst du die Entspannung verstärken, indem du dir während der Meditation deine Hände auflegst und Reiki fließen lässt. Nimm das Reiki aber erst dann dazu, wenn du es schaffst, immer wieder zu deinem *einen* Gedanken zurück zu kommen. Denn sonst lenkt dich Reiki zu sehr von der Meditation ab.

Rumsitzen kann ganz schön anstrengend sein!

 Wenn du vorhast, öfter einmal deine vielen Gedanken auf Reise zu schicken um dich durch meditieren zu entspannen, dann solltest du dir eine Sitzposition aussuchen, in der du gemütlich sitzt und über längere Zeit deine Knochen und Muskel nicht überanstrengst. Das tut deinem Körper nämlich gar nicht gut.

Wenn du deinen Geist beruhigen möchtest, darfst du seine beiden Freunde dabei nicht vergessen.

Es gibt viele Möglichkeiten, wie man während einer Meditation sitzen kann. Selbst wenn du dich dabei hinlegen möchtest ist das möglich. Wichtig ist in jedem Fall, egal für was du dich entscheidest, dass dein

Rücken gerade ist und dein Kopf in einer geraden Linie zum Steißbein steht oder liegt. (Das Steißbein ist das Ende deiner Wirbelsäule. Es liegt genau zwischen deinen Pobacken.)

Wenn man noch nicht so viel Übung hat, kann gerades Sitzen ganz schön anstrengend sein. Denn die meisten von uns haben schon im frühen Kindesalter eine falsche Körperhaltung. Oft sitzen wir zu viel, speziell am Computer und treiben zu wenig Sport. Wer sitzt heute schon mit geradem Rücken auf einem Stuhl? Die Wenigsten.

Und nun soll man für mindestens 10 Minuten sämtliche Muskeln anstrengen, um den Kopf in eine Linie mit dem Steißbein zu bringen.

Ja, das funktioniert. Nicht gleich beim ersten Mal. Auch beim zweiten Mal merkt man schon nach spätestens fünf Minuten, dass der ganze Rücken anfängt zu brennen. Aber je öfter man das gerade Sitzen übt, desto stärker werden die Muskeln und desto leichter wird es fallen, immer länger in der gleichen Stellung ganz ruhig zu sitzen.

Und nur, wer wirklich gemütlich sitzt, kann sich auf seinen *einen* Gedanken konzentrieren. Wenn nicht, ist man immer nur damit beschäftigt, endlich eine Position zu finden, in der man es gemütlich hat. Und bevor man überhaupt richtig angefangen hat, ist die Zeit für die Meditation schon wieder um und wirklich entspannt hat man nicht.

Probier einfach mal ein paar Sitzmöglichkeiten aus, bis du eine gefunden hast, die dir gefällt.

Der Schneidersitz

Die Beine liegen nicht überkreuzt hinterein-
ander oder ein Fuß liegt unter dem Unterschenkel des anderen Beines.

Der Viertel – Lotussitz

Gleiche Sitzposition, wie im Schneidersitz, nur dass ein Fuß auf dem Unterschenkel des anderen Beines liegt

Lotussitz

Beide Füße liegen auf dem
Oberschenkel des anderen Beines

Thailandsitz

Ein Bein ist nach innen angewinkelt, das andere
Bein ist nach hinten abgewinkelt

Kniende Position

Bei der knienden Position gibt es zwei Möglichkeiten. Entweder man hat ein festes Sitzkissen auf dem man sitzt, die Knie liegen auf dem Boden und die Füße werden neben dem Kissen nach hinten abgewickelt. Oder man sitzt auf einem Holzbänkchen und die Füße werden unter dem Bänkchen nach hinten abgewinkelt.

Die Zeit ist reif

Wenn man den Tag in vier Teile aufteilt, könnte man jeden Teil einer bestimmten Jahreszeit zuordnen, die damit zu vergleichen ist, wie sich unser Körper zu dieser Zeit gerade fühlt.

Ganz früh morgens herrscht in unserem Körper der Frühling. Alles erwacht aus dem Winterschlaf, die ersten Sonnenstrahlen sind zu spüren und man hat richtig Lust, etwas zu unternehmen.

Am Mittag ist dann schon der Sommer zu spüren. Die Sonne steht hoch am Himmel, doch strengt jede kleinste Bewegung an. Man wird schneller müde.

Der Nachmittag hat große Ähnlichkeit mit dem Herbst. Unser Körper lässt langsam die Arbeit fallen und man bereitet sich auf den Winter, nämlich den Feierabend vor.

Der späte Abend ist der Winter. Jeder mummelt sich in sein warmes Bettchen ein und beginnt zu schlafen, um im nächsten Frühling, dem Morgen wieder fit aufzuwachen. Zu jeder dieser Jahreszeiten bzw. Tagesteilen gibt es eine bestimmte Uhrzeit, zu der man ganz besonders gut meditieren kann.

Am Morgen von 5 bis 6 Uhr, am Mittag zwischen 11 und 12 Uhr, am Nachmittag gegen 17.30 Uhr und in der Nacht ab 23 Uhr.

Nun werden deine Eltern gar nicht begeistert sein, wenn du nachts um 23 Uhr noch meditieren möchtest. Morgens hast du vielleicht keine Lust, extra eine Stunde früher aufzustehen. Und weil du gegen 11 Uhr meistens noch in der Schule bist, bleibt ja nur noch der 17.30 Uhr – Termin. Das passt eigentlich ganz gut. Denn um diese Uhrzeit hast du deine Hausaufgaben erledigt, warst vielleicht noch ein paar Stunden mit deinen Freunden zusammen und Mama macht für 18 Uhr das Abendbrot. Da bleibt dir eine halbe Stunde, in der du dich ganz deinem *einen* Gedanken zuwenden kannst. Und das reicht mit allen Vorbereitungen auch völlig aus.

Meditiere immer nur dann, wenn du wirklich Lust dazu hast. Denn nur, wenn du gerne meditierst, kannst du dich dabei entspannen.

Der Vogel mit dem grünen Bauch

Manchmal ist es gar nicht leicht oder man hat einfach keine Lust, immer nur alleine zu meditieren. Da ist es schön, wenn dir ein lieber Mensch eine Geschichte vorliest, auf die du dich konzentrierst und bei der du wunderbar entspannen kannst.

Reiki hat ganz viel mit Farben zu tun. Die Aura ist bunt und die Chakren haben auch unterschiedliche Farben. Mit der folgenden Geschichte, kannst du deine Chakren stärken und ausgleichen, alleine nur durch die Vorstellung, dass die Farben, die dir in der Geschichte begegnen, in deinen Körper fließen.

Gehe in Gedanken einfach mit dem Vogel mit und höre der Geschichte zu. Dann wirst du dich nicht verlaufen und kommst gestärkt wieder am Ende der Geschichte zurück in die Wirklichkeit. Du kannst dir diese Geschichte so oft anhören, wie du gerne möchtest. Wenn es dir dort, wo sie dich hinführt, gut gefällt, kannst du immer wieder hingehen und jedes Mal wirst du neue Dinge erleben.

Und jetzt viel Spaß dabei!

Ich lade dich ein, mit mir einen Spaziergang zu machen, an einen Ort, den du sicher nur aus dem Märchen kennst.
Lege dich ganz gemütlich hin, kuschle dich unter deine Decke und dann schließe deine Augen.
Nimm tief Luft. Atme dabei mit geschlossenem Mund durch deine Nase. Atme soviel Luft ein, dass du sie bis in deinen Bauch hinein spürst.
Atme noch einmal tief bis in deinen Bauch hinein, und wenn es irgend etwas gibt, was dir Sorgen macht, was dich wütend oder traurig macht, stellst du dir einfach vor, dass es mit dem Ausatmen deinen Körper verlässt.

Nun stelle dir vor, dass du aus diesem Haus hinaus gehst und vor der Eingangstür sitzt ein kleiner, bunter Vogel. So einen Vogel

hast du vorher noch nie gesehen. Und plötzlich beginnt der Vogel mit dir zu sprechen.
Seltsam, alles was er sagt, kannst du genau
verstehen. Der Vogel fliegt auf deine Hand
und nimmt dich mit auf eine Reise. Er bringt
dich an einen Ort, an dem du vorher noch
nie warst. Dieser Ort ist gar nicht weit weg.
Er ist so nah, dass du immer wieder dort hin
finden kannst.

Der Vogel geht mit dir um die erste Ecke,
und plötzlich sieht alles dort ganz anders
aus. Ganz anders wie sonst.

Du stehst auf einer riesengroßen Wiese.
Das Gras geht dir bis zu den Knien. Hier hat
wohl noch niemand gemäht.

Die Sonne scheint und um dich herum zwit-
schern hunderte von Vögeln. Und alle sind
so bunt, wie der Vogel, der dich hier her gebracht hat.

Du schaust auf die Wiese und zwischen den
Grashalmen blühen die tollsten Blumen. Atme tief ein und rieche, wie schön sie alle
duften.

 Du setzt dich auf die Erde und vor dir, direkt an deinem Wurzelchakra, öffnet eine dunkelrote Blume ihre Blüte. So ein schönes Rot gibt es in keinem Tuschkasten. Die Blume schaut dich mit ihren großen Augen an, lächelt dir zu und pustet dir ihren roten Blütenstaub vor deinen Schoß. Du spürst, wie die machtvolle Kraft dieser roten Farbe in deinen Unterleib fließt und dir Kraft und Stärke schenkt. Diese Kraft verteilt sich ganz langsam in deinem ganzen Unterleib und in deinen Beinen.

Du legst dich auf die Erde und neben deinem Nabel sitzt auf der Wiese ein orangefarbener Schmetterling. Er hebt sein Ärmchen und kitzelt dich an deinem Bauch. „He, kleiner Mensch, darf ich zu dir rauf kommen?" Du lachst dem Schmetterling zu und nickst ganz sanft mit deinem Kopf. Und schon klettert er an der Seite entlang nach oben, bis er über deinem Nabel 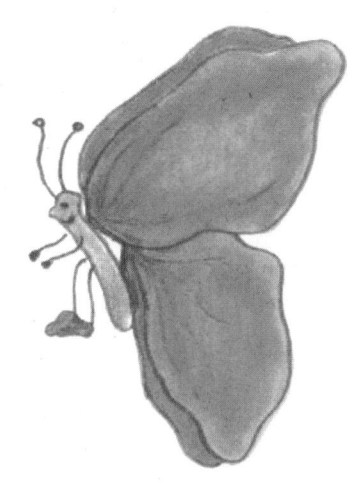 angekommen ist. Das ist ja ein freundlicher Schmetterling. Nun beginnt er, mit seinen dünnen Beinen, auf deinem Bauch ein Tänzchen. Immer wieder tanzt er um deinen Nabel herum. Rechts herum und links herum und wieder rechts herum. Das kribbelt so stark, dass du es bis tief in deinen Bauch hinein fühlst. Vom vielen Tanzen ist der Schmetterling ganz müde geworden und legt sich ein wenig auf deinen Bauch, um sich auszuruhen.

Nun liegt ihr beide da und genießt das herrliche Gezwitscher der bunten Vögel. Du schließt deine Augen und schläfst tief ein.

Plötzlich wirst du geweckt, weil es unter deinen Rippen ganz warm geworden ist. Du öffnest deine Augen und die Sonne lacht dich an. So ein schönes Lächeln hast du noch nicht gesehen. Sie streckt ihre großen, langen Sonnenstrahlen zu dir aus und umarmt dich ganz liebevoll. Du spürst, wie es unter deinen Rippen immer wärmer wird. Und diese Wärme verteilt sich langsam bis in deinen Rücken.

Da kommt der kleine, bunte Vogel wieder zu dir zurück geflogen. Er rupft sich ein wenig frisches Gras aus und legt es auf dein Herz.

Ohne zu fragen, setzt er sich auf sein frisch gemachtes Grasbettchen. Na so was, der hat ja einen ganz grünen Bauch! Jede einzelne Feder hat ein anderes Grün.

Der Vogel macht es sich erst mal so richtig gemütlich. Und dann sagt er dir seinen Namen. Und du sagst ihm deinen Namen. Und dann erzählt dir der Vogel mit dem grünen Bauch, was er alles mag. Und du erzählst dem Vogel, was du alles magst.

Nach einer ganzen Weile sagt der Vogel zu dir: „Weißt du was, kleiner Mensch, ich glaube wir beide könnten Freunde sein:" Da wird dir plötzlich ganz warm ums Herz und du antwortest dem Vogel: „Ja, das ist toll. Lass uns Freunde sein. Ich find dich auch nett."

Vom vielen Erzählen ist dein Hals ganz trocken geworden. Dein Freund, der bunte Vogel, steht auf, nimmt dich wieder an die Hand und zeigt dir den Weg zu einem Fluss. Das Wasser in diesem Fluss glänzt hellblau und türkis. Und trotzdem ist es so klar und rein, dass du bis auf den Boden des Flusses sehen kannst.

Du beugst dich nach unten, formst deine Hände zu einer Schale und nimmst dir einen großen Schluck Wasser aus diesem hellblauen Fluss. Langsam läuft das kühle Wasser durch den Mund in deinen Hals. Mann, tut das gut. Du spürst, wie sich die klare Kühle in deinem ganzen Hals verteilt. Das blaue Wasser hat deinen Hals so sehr gestärkt, dass du dich nun wieder mit deinem Freund, dem Vogel unterhalten kannst.

Ihr beide setzt euch an das Ufer des Flusses und erzählt euch noch die tollsten Dinge.

Weil das Wasser so klar und rein ist, entdeckst du plötzlich, dass der Boden des Flusses mit hunderten bunter Edelsteine bedeckt ist. Einer schöner als der andere.

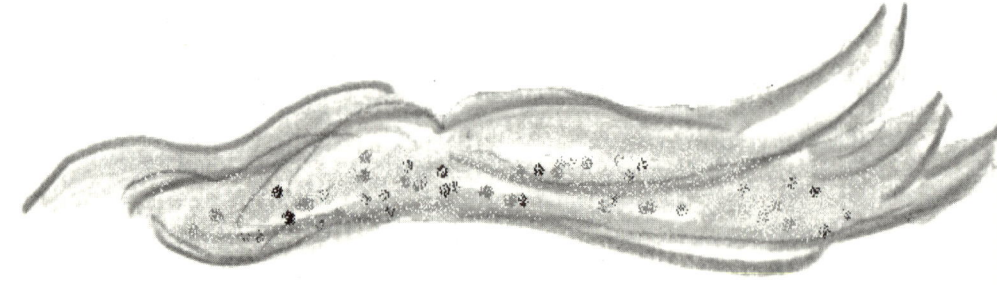

Manche funkeln rot, andere eher blau. Und wenn du keinen der Steine genau anschaust, sondern über alle Steine drüber siehst, laufen ihre roten und blauen Farben ineinander und es scheint, als hätte der Boden des Flusses einen lilafarbenden Teppich. Du krempelst dir den Ärmel deines Pullis hoch und greifst ins Wasser, um dir einen Stein heraus zu nehmen. Du ziehst deine Hand wieder aus dem Fluss und hältst einen dunkelblauen, runden Edelstein in der Hand. Du siehst ihn dir genau an und erkennst, dass er an verschiedenen Stellen, lila Streifen hat. Du hältst ihn an deine Stirn und spürst, dass der kalte Stein plötzlich ganz warm wird.

Du hast das Gefühl, als würde seine dunkelblaue Kraft deinen ganzen Kopf auffüllen. Die blau – lilafarbende Kraft fließ in deinen Mund, von dort durch die Nase, hinter deine Augen und verteilt sie sich langsam in deinem ganzen Gehirn.

Plötzlich hast du eine gute Idee: Weil es so wunderschön hier ist, vereinbarst du mit deinem Freund, dem Vogel, in Zukunft immer wieder hier her zu kommen. Dann wird er dir noch viel mehr von dieser bunten Welt zeigen. Mittlerweile ist es ganz schön spät geworden und Sonne ist fast schon nicht mehr zu sehen. Du machst dich langsam auf den Weg, durch das hohe Gras mit den vielen bunten Blumen. Du triffst den orangefarbenen Schmetterling noch einmal, der mit seinen dünnen Beinchen um deinen Nabel tanzte, kommst vorbei an der dunkelroten Blume, die dir ihren roten Blütenstaub in den Schoß gepustet hat und streckst deine Hand weit aus. Dein Freund der bunte Vogel, fliegt nach oben und setzt sich ein letztes Mal auf deine Hand.

Er muss dir den Weg nach Hause nicht mehr zeigen, denn du brauchst nur noch einmal um die Ecke zu gehen, und dann siehst du auch schon die Eingangstür von deinem Haus. Glücklich und zufrieden kommst du in diesen Raum zurück und spürst die vielen Dinge aus dem Land des bunten Vogels noch lange ganz tief in dir.

Reiki von A – Z

Grundsätzlich ist es immer das beste, wenn du alle Körperpositionen verwendest. Dann wird der ganze Körper mit Reiki versorgt. Manchmal tut einem aber eine ganz bestimmte Stelle weh, oder man hat eine ganz bestimmte Krankheit. Wenn du dann nicht die Zeit hast, alle Positionen mit Reiki zu versorgen, dann gibt es so was wie eine „Erste Hilfe". Dafür hältst du deine Hände nur an bestimmte Stellen.

Auf den nächsten Seiten sind alle möglichen Krankheiten aufgezählt, die man so kriegen kann. Einige davon wirst du sicher von dir selbst kennen. Vielleicht kannst du mit manchen Krankheiten gar nichts anfangen, weil du nicht weißt, was das überhaupt ist. Trotzdem werden sie in diesem Buch genannt, denn es kann ja sein, dass irgendeiner von deinen Freunden oder Verwandten mal eine der aufgezählten Krankheiten bekommt. Und wenn du ihn dann richtig mit Reiki versorgen möchtest, brauchst du nur in der Tabelle nach zu schlagen. Derjenige wird dir sicher erklären, was das für eine Krankheit ist, und er wird dir dankbar sein, dass du ihm vielleicht ein bisschen helfen konntest.

Wenn du mal nicht weißt, wo du deine Hände hin legen sollst, weil du die vorgeschlagene Stelle nicht kennst, werden dir Mama oder Papa bestimmt weiter helfen.

Allergien	Kopf und Nieren
Anämie	Milz, Leber und Schläfen
Arthritis	Nieren und befallene Stellen,
Arthrose	Nieren und betroffene Stellen
Asthma	Rippenbogen, Schlüsselbein und Kopf

Atmung	Rippenbogen, Schlüsselbein und Schultern, Kopf-Rückenposition: unter den Schulterblättern, Rippen rechts und links der Wirbelsäule Füße, besonders unter den großen Zehen
Augen	Kopf 10 Minuten lang und Nieren. Mit leichtem Druck in die Augenhöhlen
Beine	Leiste, Wurzelchakra, Nieren und Waden
Bettnässen	Blase und Nieren 20 Minuten
Blase	Wurzelchakra, Blase und Nieren

Blutdruck   An der Seite des Halses

15 bis 20 Minuten, Nieren und unter den Achseln

Diabetes   Gesicht, Leber und Galle 15 Minuten, Milz und Bauchspeicheldrüse, Hara Ellenbogen und Schienbeine

Depressionen Kopf, Nieren, Schlüsselbein, Schilddrüse

Ekzem   Nieren und Lungen

Energiemangel Hara

Erkältung   Kopf und Kehle, Herz und Thymusdrüse Milz und Bauchspeicheldrüse

Fasten	Kehle (Schilddrüse), Solar-plexus und Wurzel, Unter-leib, Nieren und Steißbein
Fieber	Kopf, Herz und Thymus-drüse, Milz und Leber
Fußpilz	Füße
Gallenblase	Galle und Leber, Milz und Bauchspeicheldrüse, rech-tes Schulterblatt
Gedächtnis	Krone, Wurzel und Unter-leib, Steißbein
Genick	Genick, Hinterkopf, Solar-plexus und Wurzel Schul-tern und 7. Halswirbel äu-ßere Seite der Oberarme von Schulter bis Elle

Gicht	Solarplexus, betroffenen Stellen
Gleichgewicht	Galle, Schläfe und Ohren
Haarausfall	Wurzel und Nieren
Hämorrhoiden	Steißbein und Milz jeweils 20 Minuten
Heuschnupfen	Kopf und Nieren
Hitzewallung	Wurzel und Unterleib
Husten	Kopf und Kehle, Rücken vom Nacken bis unter die Rippen, Fußsohlen – besonders der dicke Zeh

Hyperaktivität	Kopf, Solarplexus und Galle
Hypoglycämie	Verminderter Blutzucker: Leber/Galle 20 Minuten, Nieren und Ellenbogen
Ischias	Hüfte und Steißbein, Ischiasgriff bis zum Fuß
Knie	Wurzel, Leisten, großer Rollhügel, Nieren und Knie 15 Minuten
Kopfschmerzen	Kopf, Schultern und Rücken, Wurzel und Steiß

Krämpfe	Solarplexus bis Wurzel, Untere RückenpositionVon Nieren bis Steiß
Krebs	Komplettbehandlung, besonders lang unter den Füßen
Kreislauf	Schläfen und Ohren, Schulterkuppen, Rippenkorb unter den Achseln, Innenseite der Oberschenkel nah am Schritt
Kropf	Kehle, Herz/Thymus, Wurzel
Lunge	kompletter Brustkorb, Schlüsselbein und Schultern und s. Atmung

Magen

Hinterkopf, Krone, Ohren Bauchspeicheldrüse/Milz, Leber/Galle Solarplexus, Steiß, Außenseite der Oberarme

Mandeln

Kopf und Kehle, Nieren

Menstruation

Hinterkopf, Unterleib und Wurzel, Steißbein

Nasenbluten

Hinterkopf und Kehle, Nacken

Nebenhöhlen

Sinus, Stirnhöhle und Polypen: Kopf, Genick und Schultern, Brust und Bronchien

Nerven

komplette Behandlung

Nieren	Herz/Thymus, Bauch und Rücken von den Rippen bis zum Steiß
Ohren	Ohren, Herz/Thymus
Prostata	Krone und Gesicht, Wurzel und Steiß
Rheuma	Nieren und Schmerzstellen
Schilddrüse	Kehle, Wurzel und Steiß
Schlaganfall	Die gegenüberliegende Seite des Kopfes behandeln, von der Seite die in Mitleidenschaft gezogen ist

Schlafstörung Kopf, Schlüsselbein, Solarplexus, Nacken und Schultern, Taillen

Schluckauf Der Empfänger hält die Arme über den Kopf, es werden Zwerchfell und unterer Bauch behandelt

Verbrennungen direkt auf die betroffene Stelle, in der Aura bleiben

Verstopfung Eine Hand auf den Nabel, die andere ins Genick Herz/Thymus und Solarplexus

Wutausbrüche Herz/Thymus, Galle und Milz

Zahnschmerzen Kopf und Fußsohlen

Die Autorin:

Sabine Immesberger ist gelernte Erzieherin.
Mutter von zwei Kindern und hat
Erfahrungen mit Reiki – Kinderkursen.

Arche Noah Musik -Buchverlag
Ammergauer Str. 80 86971 Peiting
Tel.: 0700-272436624 Fax: 0700-272436634
E-Mail: info@verlag-arche-noah.de
www.verlag-arche-noah.de

Brigitte Glaser
Kipperkarten-Buch
ca.208 Seiten, Softcover
Euro19,00 ISBN: 3-931721-40-X

Dieses Werk verschafft endlich einmal einen praktischen Überblick über die Kunst des Kartenlegens mit Kipperkarten. Das Buch ist durchgehend reich bebildert und durch die hohe Aussagekraft der Karten wird dem Einsteiger ein schneller Zugang zur praktischen Umsetzung ermöglicht. Neben der Vorstellung der einzelnen Kartenbilder werden verschiedene Kombinationsmöglichkeiten verständlich erläutert.
Das Besondere: für verschiedene Fragestellungen stehen mehrere Legesysteme zur Verfügung. Ein Arbeitsbuch von hohem praktischen Nutzen!

Brigitte Glaser
Erfahrungsberichte mit der Reiki Kraft
ca.208 Seiten, Softcover
Euro19,00 ISBN: 3-931721-50-7

Dieses Buch soll keine wissenschaftliche Abhandlung sein. Vielmehr möchte die Autorin mit den Erfahrungen ihrer Schüler sowie die ihres Mannes und ihrer eigenen, Reiki anschaulich und praxisbezogen vermitteln. Ihre Geschichten sollen dem Leser Mut machen, Reiki für sich und andere anzuwenden.
Mit einfachen Handhabungen kann man sich täglich Reiki geben. Meist reichen schon ein paar Minuten aus, um eine völlig neue Lebensqualität zu erlangen. Der Mensch ist selbst in der Lage, Körper, Geist und Seele in Einklang zu bringen und krankmachende Verhaltensmuster loszulassen.
Die aufgeführten Beispiele sind wahre Begebenheiten.

Arche Noah Musik -Buchverlag
Ammergauer Str. 80 86971 Peiting
Tel.: 0700-272436624 Fax: 0700-272436634
E-Mail: info@verlag-arche-noah.de
www.verlag-arche-noah.de

Ute Wehrend
Das Reiki-Buch - Heilung und Weg
200 Seiten, Softcover
Euro 15,00 ISBN: 3-931721-34-5

Mit fundierter Sachkenntnis und voller Herzens-
wärme und Lebensweisheit vermittelt die Autorin
Ihnen alles, was Sie über Reiki wissen sollten. U. a.
- Wie und warum „funktionier"t Reiki
- Was ist übewrhaupt Energie - und was macht sie
mit uns?`
- Die Bedeutunt von Einweihungen, Symbolen,
Meridianen, Chakren uvm.
- Wie können wir gesund und glücklich bleiben?

Dieses Buch wurde im Reiki-Magazin als das beste
aller Reiki-Bücher für Anfänger beschrieben.

Michaela Weidner
Das Reiki-Buch für Kinder
60 Seiten, viele Farbbilder, Hardcover
Euro 17,00 ISBN: 3-931721-48-5

Nun ist es endlich da: „Das Reiki-Buch für Kinder"!
Über Reiki gibt es bereits sehr viele Bücher. Das sind
aber alles Bücher, die für große Reiki-Menschen
geschrieben wurden. Mit dem „Reiki-Buch für
Kinder" werden nun viele Fragen der kleinen Reiki-
Menschen über die Universelle Lebensenergie
kindgerecht beantwortet. Dieses Buch ist
geschrieben worden, um Reiki-Kindern noch mehr
Spaß an Reiki zu vermitteln.

Arche Noah Musik -Buchverlag
Ammergauer Str. 80 86971 Peiting
Tel.: 0700-272436624 Fax: 0700-272436634
E-Mail: info@verlag-arche-noah.de
www.verlag-arche-noah.de

Rainer Lange
Relax Now!
Geführte Tiefenentspannung
Euro 19,00
ISBN: 3-931721-00-0

Begrüßen Sie den Tag mit einer Tiefenentspannung - beschließen Sie den Tag mit einer Tiefenentspannung: - die erste stimmt auf den Tag ein
- die zweite verabschiedet den Tag und hilft bei der Verarbeitung der erfahrenen Erlebnisse.
Sie werden sehen - in Ihrem Leben sind Wunder möglich! Eine sanfte, einfühlsame Stimme führt Sie durch die Tiefenentspannungen, begleitet von harmonischer Hintergrundmusik.

Rainer Lange
Relax Now!
Für Kinder
Euro 19,00
ISBN: 3-931721-12-4

Wie oben beschrieben, allerdings in kindgerechter Form.

Relax with the Beatles
Instrumentalmusik zum Entspannen & Geniessen
Euro 17,00
ISBN: 3-931721-29-9

Die schönsten Songs der Beatles im Stil der Entspannungsmusik. Die Musik der Beatles ist klassisch-zeitlos und hält immer wieder neue Überraschungen parat. Mit Goldfolienprägung.

Rainer Lange	Rainer Lange	Rainer Lange
Quell der Heilung	**Quell der Heilung**	**Quell der Heilung**
Vol. 1, ca. 60 Min.	Vol. 2, ca. 60 Min.	Vol. 3, ca. 68 Min.
inkl. Posterbooklet	inkl. Posterbooklet	inkl. Posterbooklet
Reiki Lebensregeln &	Erklärung & Darstellung	Heilen mit Edelsteinen
Handpositionen	des Chakrensystems	Euro 19,00
Euro 19,00	Euro 19,00	ISBN: 3-931721-10-8
ISBN: 3-931721-11-6	ISBN: 3-931721-17-5	

Die Erfolgsserie „*Quell der Heilung*" jetzt NEU in attraktiver Aufmachung im umweltfreundlichen DigiPack und jeweils mit einem Poster:

Unsere **Reiki**-Musik „**Quell der Heilung**" gehört inzwischen mit zu den beliebtesten CD´s auf dem gesamten Markt der Entspannungsmusik! Diese Musik ist speziell auf die **Reiki-Anwendung** bezogen – sie ist bis jetzt ohne Vergleich und hat sich auch in **Reiki-Seminaren** als sehr hilfreich erwiesen.

Die **heilenden Schwingungen** dieser Kompositionen unterstützen und intensivieren die Wirkung jeder **Reiki**-Anwendung. Sie ist in sich harmonisch abgerundet und erzeugt eine dem „**Wunder Reiki**" angemessene feierliche Stimmung. Das Tempo ist jeweils dem gesunden Herzrhythmus angepasst. Alle drei Minuten ertönen zwei sanft in den Fluss der Musik eingebettete Meereswellen, die einen dezenten Hinweis auf einen möglichen Positionswechsel geben.
Wegen ihrer eingehenden und wohltuenden Melodien ist diese Musik natürlich auch für alle weiteren Therapie- und Entspannungsformen oder auch einfach als harmonisierende Hintergrundmusik geeignet!

Arche Noah Musik -Buchverlag
Ammergauer Str. 80 86971 Peiting
Tel.: 0700-272436624 Fax: 0700-272436634
E-Mail: info@verlag-arche-noah.de
www.verlag-arche-noah.de

Rainer Lange
Meditation - Der Weg zur Mitte
150 Seiten Softcover
Euro 15,00 ISBN: 3-931721-36-1

Dieses **Buch** ermöglicht in verständlicher und interessanter Form Einblick in das bisher geheimnisumwobene Reich der Meditation. Es verschafft einen klaren Zugang zur Meditation und beleuchtet alle hiermit verbundenen Zusammenhänge. Meditation wird nicht mehr losgelöst und trocken beschrieben, sondern es wird der Sinn sowie die positive Wirkung der Meditation vor dem Hintergrund unserer augenblicklichen gesellschaftspolitischen Weltsituation deutlich gemacht. Außerdem erhält der Leser eine gut verständlich beschriebene Anleitung, um diese zukunftsweisende „Technik" zu erlernen und somit sofort mit dem Meditieren beginnen zu können.

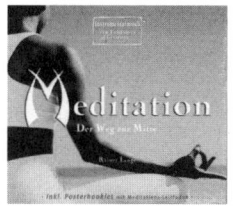

Rainer Lange
Meditation CD - Der Weg zur Mitte
ca. 79 Min. Instrumentalmusik
Euro 19,00 ISBN: 3-931721-20-5

Inkl. Posterbooklet mit Meditations-Leitfaden
Die Erholung des Geistes, um den Alltagsstress zu meistern, ist ebenso notwendig wie die Regeneration nach körperlicher Anstrengung. Wer nicht abschalten kann, ist bald ausgebrannt. Meditation ist ein einfaches aber wirksames Mittel, um zu entspannen, Abstand zu gewinnen und wieder zu sich zu kommen. Meditieren fördert die psychische Stabilität und damit diue allgemeine Gesundheit. Eine halbe Stunde tagliches Meditieren genügt, um Optimismus und Lebensfreude zu erhalten.

Arche Noah Musik -Buchverlag
Ammergauer Str. 80 86971 Peiting
Tel.: 0700-272436624 Fax: 0700-272436634
E-Mail: info@verlag-arche-noah.de
www.verlag-arche-noah.de

Rainer Lange
Innerer Frieden
ca. 60 Min.
Euro 19,00
ISBN: 3-931721-12-4

Schaffen Sie sich Inseln der Ruhe in der Hektik des Alltags. Zur Ruhe kommen, immer wieder nach innen lauschen, unsere innere Stimme immer deutlicher wahrnehmen. Das ist heute wichtiger als jemals zuvir. Denn Frieden hängt nicht nur von äußeren Umständen ab, Frieden beginnt bereits bei jedem einzelnen von uns.
Panflöte, Streicher, Cello und Piano, eingebettet in klassischen Formen, vereinen sich zu harmonischen Klängen. Zwischendurch erscheinen klösterliche Gesänge und mischen sich mit klassischen Sequenzen.

Rainer Lange
Wellness
inkl. Posterbooklet mit einer überlikeferten Weisheit zur täglichen Meditation
ca. 68 Min.
Euro 19,00
ISBN: 3-931721-21-3

Wellness ist Harmonie pur. Vogelstimmen und Wasserplätschern, Klänge und Melodien in ausgewogenen Kompositionen lassen Ihre Atmung zur Ruhe kommen. Ihre Gedanken klären sich, ein allgemeines Wohlbefinden stellt sich ein.
Voller Zuversicht und Tatkraft stecken, gelassen den Tag beginnen, fit, gesund und fröhlich sein sich rundum wohl fühlen - **Wer sehnt sich nicht danach?**
Oft halten uns Hektik, Stress und Alltagssorgen so gefangen, dass wir den Blick für die Menschen und Dinge um uns herum verlieren.
Nehmen Sie sich Zeit für sich. Gönnen Sie sich jeden Tag wenigstens eine Viertelstunde.

Arche Noah Musik -Buchverlag
Ammergauer Str. 80 86971 Peiting
Tel.: 0700-272436624 Fax: 0700-272436634
E-Mail: info@verlag-arche-noah.de
www.verlag-arche-noah.de

Norbert Giesow
Astrologie &Spiritualität
272 Seiten, Softcover
Euro 22,00 ISBN: 3-931721-42-6

Dieses Buch verbindet die Themenbereiche Astrologie und Spiritualität. Neben einer fundierten und tiefgründigen Einführung in die Astrologie wird auch die Spiritualität ausführlich behandelt. Außerdem werden viele Sachthemen der Astrologie behandelt, die in der astrologischen Literatur bisher kaum Beachtung gefunden haben

Norbert Giesow
Astrologie &Beziehungen
Softcover
Euro 23,80 ISBN: 3-931721-49-3

Dieses Buch beleuchtet menschliche Beziehungen aus astrologischer und spiritueller Sichtweise. Es beinhaltet auch die Verhältnisse aller Tierkreiszeichen miteinander und gibt einen Einblick in die tiefe Struktur menschlicher Beziehungen.

Arche Noah Musik -Buchverlag
Ammergauer Str. 80 86971 Peiting
Tel.: 0700-272436624 Fax: 0700-272436634
E-Mail: info@verlag-arche-noah.de
www.verlag-arche-noah.de

Uwe Gurlt
Der Weg des Pilgers
212 Seiten, Softcover
Euro 15,00 ISBN: 3-931721-39-6

Dieser spirituelle Roman erzählt den Werdegang eines erfolgreichen Mannes, der durch ein tragisches Unglück seine Familie verliert und dadurch aus der Bahn geworfen wird. Er flieht aus seiner gewohnten Umgebung und macht sich, zunächst unfreiwillig und unbewusst, auf eine Reise, seine persönliche Pilgerreise, auf der er immer wieder Menschen trifft, die ihm zu spirituellen Erkenntnissen verhelfen und ihn „auf den Weg bringen". Es werden viele Themen in diesem Roman angesprochen: die Sinnhaftigkeit des Lebens, das Leben als Pilgerreise, die Nichtexistenz des Zufalls, die esoterische Bedeutung von Weihnachten u.a.

Uwe Gurlt
Der Tod im Spiegel
244 Seiten, Softcover
Euro 19,00 ISBN: 3-931721-45-0

Kaum ein Thema löst bei uns soviel Angst aus, wie der Tod und das Sterben. Erst eine Auseinandersetzung mit diesem Thema klärt die Frage nach dem Grund und dem Ziel unseres Daseins - und damit nach dem Sinn des Lebens.

In allen äußerlich so verschiedenen Religionen, Philosophien, Mythen, Märchen, mystische Visionen und sogar in der Psychologie wohnt dasselbe okkulte Wissen über den Tod und darüber, was danach kommt

So wird diese Auseinandersetzung zu einer wertvollen Bereicherung für unser Leben.